Uma única conta do Rosário

STEPHANIE ENGELMAN

Uma única conta do Rosário

Paulinas

Dados Internacionais de Catalogação na Publicação (CIP)
(Câmara Brasileira do Livro, SP, Brasil)

Engelman, Stephanie
    Uma única conta do rosário / Stephanie Engelman ; [tradução Barbara Theoto Lambert]. – São Paulo : Paulinas, 2018. – (Ponto de encontro)

    Título original: A single bead.
    ISBN 978-85-356-4421-0

    1. Deus 2. Fé 3. Mistério do Rosário 4. Oração 5. Rosário – Literatura juvenil I. Título. II. Série.

18-16782   CDD-242.74

Índice para catálogo sistemático:
1. Rosário : Orações : Cristianismo   242.74
Maria Alice Ferreira – Bibliotecária – CRB-8/7964

Título original da obra: A single bead
© 2015, Daughters of St. Paul. Published by Pauline Books & Media,
50 St. Paul's Avenue, Boston, MA 02130.

1ª edição – 2018
1ª reimpressão – 2024

Direção-geral: *Flávia Reginatto*
Editora responsável: *Andréia Schweitzer*
Tradução: *Barbara Theoto Lambert*
Copidesque: *Ana Cecilia Mari*
Coordenação de revisão: *Marina Mendonça*
Revisão: *Sandra Sinzato*
Gerente de produção: *Felício Calegaro Neto*
Projeto gráfico: *Jéssica Diniz Souza*
Imagem de capa: *Fotolia – ©vectorfusionart e ©grandfailure*

Cadastre-se e receba nossas informações
paulinas.com.br
Telemarketing e SAC: 0800-7010081

Paulinas
Rua Dona Inácia Uchoa, 62
04110-020 – São Paulo – SP (Brasil)
📞 (11) 2125-3500
✉ editora@paulinas.com.br
© Pia Sociedade Filhas de São Paulo – São Paulo, 2018

Para Dave e Mary Ann Lear.

Quando escrevi a respeito
dos melhores avós imagináveis,
era muito natural que eles fossem
tão parecidos com vocês.

"Ao rezar o rosário, os que estão no céu e na terra compartilham sentimentos, palavras e ações."

– atribuído a São João XXIII, Papa de 1958 a 1963.

Capítulo um

Meus pés afundam na lama quando mudo de posição, olhando de relance os membros da família reunidos no campo vazio. Eu gostaria que alguém falasse claro e dissesse alguma coisa. Qualquer coisa. Uma bela lembrança, alguma coisa de que sentem saudade, uma coisa engraçada que ela disse... talvez, apenas, que agora ela está em um lugar melhor. Mas, de algum modo, todos ficamos aqui parados, esperando.

O sol luta para aparecer entre nuvens pesadas que há somente alguns minutos choveram a cântaros no campo onde agora estamos. Alegra-me que a chuva tenha parado, do contrário, com certeza, tia Mary Ellen teria insistido que enfrentássemos a chuva para homenagear vovó. Estar aqui já é bem difícil. Ficar encharcada pela chuva no ar frio do começo da primavera teria acrescentado toda uma nova dimensão de horror.

Por fim, tio Joseph pigarreia, o pomo-de-adão batendo em seu colarinho romano engomado. Devíamos ter apostado em quem falaria primeiro. Eu sabia que seria ele. Mamãe deixa escapar um soluço, depois fecha a boca, range os dentes e aperta o punho contra os lábios. É esquisito vê-la desse jeito, embora ache que estou acostumando-me com isso. Sempre pensei que ela fosse tão forte – meu rochedo, aquela que sempre tinha tudo sob controle, sempre sabia a resposta certa. Mas, desde que vovó morreu, ela parece perdida, fraca e totalmente insegura. Eu me pergunto: como ficaria se ela morresse? Suponho que algum dia vou descobrir isso.

Tio Joseph olha em torno no rosto de seus irmãos e irmãs com os cônjuges, seus sobrinhos e sobrinhas e começa:

– Mamãe ficaria tão contente em ver todos nós juntos aqui. Lembro quando eu, bem, talvez fosse calouro ou estivesse no segundo ano do ensino médio – mais ou menos da idade de Kate e Evelyn.

Ele acena para mim e minha prima Evelyn que está com a família dela ao lado da minha.

Tio Joseph ri discretamente.

– Matthew me pegou tocando sua guitarra. Eu estava em apuros, pois tinha quebrado uma corda. Ele ficou tão furioso que ameaçou contar à minha namorada sobre quando... – tio Matthew dá-lhe uma cotovelada e ele muda de rumo.

– Seja como for... nós nos atracamos, trocando socos até que mamãe apareceu. Ela nem mesmo levantou a voz. Cruzou os braços e pigarreou. Não era a primeira briga entre nós dois que ela interrompia aquela semana. Esperou até pararmos, pôs as mãos na cintura e disse: "Meninos, sempre haverá pessoas com as quais vocês terão dificuldade de conviver. Faz parte da vida. Mas *vocês dois*..." – tio Joseph aponta o dedo no ar à sua frente – "... *Vocês dois são irmãos. São da mesma família.*" Ela nos disse que não teríamos escolha quanto a nos darmos bem e nos disse claramente que era melhor nos entendermos, e nos entendermos depressa, porque ela não ia mais tolerar *aquilo* – acena com a mão para o chão à sua frente. – Ela tinha razão. Um dia compreendemos que realmente nos amávamos. E temos sido melhores amigos a partir de então. Exatamente como ela costumava dizer: "Se você não consegue amar a sua família...".

Tio Matthew interrompe e os dois fazem coro:

– ... Não consegue amar a mais ninguém!

Uma risada suave percorre o campo, enquanto irmãos e irmãs, sete no total, compartilham a lembrança. Os ânimos finalmente se aliviam. As contas do rosário de tia Mary Ellen podiam ser poupadas da total aniquilação. Se fossem feitas de carvão, tenho certeza que ela já os teria transformado em diamantes. Até mamãe, que não costuma mais sorrir, ensaia um pálido sorriso quando o irmão mais velho põe o braço ao redor de seus ombros. Tento não sentir ciúmes quando ela lhe retribui o abraço.

Agora todos começam a compartilhar memórias: como vovó adorava cozinhar, mas quase sempre estragava as receitas; como adorava cuidar do jardim e *sempre* tinha sucesso *nisso*; a vez em que ela ficou completamente apavorada quando uma cobra entrou no porão; o jeito como ela parecia topar todas as brincadeiras dos netos, como se pudesse estar em dois lugares ao mesmo tempo ou algo assim; o fato de ter cuidado tão bem de vovô, quando ele ficou doente, e de continuar a passar seus jeans até o último dia. Fala sério. Quem já ouviu falar de *passar jeans*? Mas vovó era assim.

Ela era impressionante.

De uma coisa ninguém fala. Ninguém fala da manhã ensolarada de um ano atrás, quando o avião em que ela estava caiu. Ninguém menciona que ela estava indo ao Colorado visitar tia Liz, ou que ficamos sabendo pelo noticiário, antes mesmo de descobrirmos que aquele era o avião da vovó. Ninguém fala de termos esperado durante horas para ter a confirmação de que ela se fora. Ninguém olha para o campo e diz: "Foi aqui. Foi aqui que o avião caiu. É tudo que nos resta de vovó".

O que se parece com o elefante na sala – ou acho que eu diria, no campo. Afinal de contas, é por isso que estamos todos aqui. Mas suponho que todos já choraram o que tinham de chorar e agora querem tentar ser felizes.

Desvio o olhar de minha família e olho para outro grupo de pessoas a distância. Tenho certeza de que estão aqui pela mesma razão e me pergunto quem *eles* perderam. Talvez uma avó ou avô, ou ambos. Ou, talvez, uma adolescente como eu. Pensar nisso me dá um arrepio na espinha. Todas aquelas pessoas que viajavam de férias, a negócios, ou de volta para casa e, então, de repente, tudo tinha acabado.

Aquela família também está tentando prosseguir? Tentando ser feliz? Está funcionando?

Tio Joseph começa a rezar o rosário. Ele diz que é o que vovó teria desejado que fizéssemos, e talvez esteja certo. Mas vovó rezava tanto o rosário e veja aonde isso a levou. Assim, decido me afastar. Não sei para onde estou indo, até que paro de olhar para os pés e vejo um grupo de árvores do outro lado do campo. Mais um passo. Desgrudo os pés do barro e vou em direção a elas. Chapinhando cada passo grudento, é como se estivesse totalmente hipnotizada por essas árvores e simplesmente precisasse continuar a andar. Ouço a voz monótona de tio Joseph atrás de mim: "Ave, Maria, cheia de graça..." e todo mundo participando: "Santa Maria, Mãe de Deus, rogai por nós, pecadores, agora e na hora de nossa morte".

Será que ela rogou? Rogou por vovó na hora da morte dela? Espero que sim. Não gosto de pensar em como aconteceu – quando vovó morreu –, mas imagino que ela deve ter feito todas as preces que conseguiu.

Continuo a andar em direção às árvores e é quase como se estivesse sendo atraída por uma espécie de força invisível. Debaixo das copas das árvores não há mais barro e o chão está coberto de grama salpicada de flores silvestres. O vento balança as folhas e gotículas de água caem suavemente como chuva em meu rosto. Passo a manga no rosto molhado, mas paro de repente quando um diminuto raio de luz atrai meu olhar. Há alguma coisa no meio das florzinhas roxas a meus pés.

Abaixando-me para afastar as flores, descubro uma pequena conta de rosário de prata e meu coração dispara.

Não é possível. Os investigadores andaram por todo este campo, à procura de todos os fragmentos que pudessem encontrar. Como isto pode ter ficado para trás? Tenho dificuldade para respirar e lágrimas turvam-me a vista. Eu as enxugo porque preciso ver aquilo. Tenho de segurar, tocar – sentir as saliências das letras gravadas em três faces, e passar a unha pela cruz que está na quarta. Tudo que sou resume-se àquela pequenina conta do rosário... É apenas um pequeno fragmento de uma joia, certo?

Mas não é. É uma conta do rosário da vovó. E não apenas uma conta. É a *minha* conta.

K.M.R. – Katelyn Marie Roberts. Essa sou eu. Quem mais poderia ser?

Começo a tremer e caio de joelhos. Sinto os soluços saindo de mim, antes que passem pela minha boca. Não pode ser. Não pode ser. Simplesmente não pode.

Ainda ouço a monotonia das Ave-Marias atrás de mim, mas não consigo distinguir as palavras. Ajoelho-me na grama molhada, chorando, conjeturando, sem entender. Não sei quanto tempo se passou, mas papai deve ter me visto caminhando em direção à floresta e percebido que alguma coisa estava errada. Ouço sua voz de longe e então, de repente, sinto sua mão apertando suavemente meu ombro.

– Kate, você está bem?

Envolvo a conta na mão e enxugo de novo o rosto com a manga do casaco, só que desta vez para secar as lágrimas. Olho para papai e tento fingir que estou bem. É claro que ele sabe que não estou, mas isso é de se esperar aqui, hoje. Ergo os joelhos e sento-me no chão encharcado, voltando cegamente os olhos para o grupo no campo. Papai se junta a mim, sentando-se no paletó para permanecer seco. Sinto a água encharcando-me a saia, mas não me importo. Ele põe os braços em volta de mim e ficamos ali sentados, escutando a monotonia das orações do rosário que vêm até nós do outro lado da terra encharcada.

Por fim, eles terminam. Tia Mary Ellen coloca uma cruz branca no chão e vários tios e tias depositam flores em volta dela. Então começam a se separar, indo para os carros. Mamãe olha em direção a mim e a papai, mas não se aproxima de nós. Imagino que ela não queira sujar os sapatos de lama. Ela definitivamente não quer ter de lidar com as confusas emoções da filha.

Papai grita que já vamos, mas não faz nenhum movimento para se levantar.

Depois de mais alguns minutos, dou uma última fungada e me levanto, guardando discretamente a conta do rosário no bolso do casaco. Não conto a papai. Não sei por quê, mas é meu segredinho – uma coisa que vovó deixou para mim, e só para mim. Talvez eu lhe conte mais tarde. Talvez não conte.

Capítulo Dois

Quando voltamos ao carro, meu irmão e minha irmã já estavam no banco de trás. O nariz de Paul está enfiado em um livro e os olhos de Gwen estão fechados, enquanto ela balança a cabeça, escutando música através dos fones de ouvido.

Mamãe está ao lado do carro, batendo o pé de leve, com os braços cruzados e os lábios apertados.

— Todo mundo já está a caminho do restaurante — ela diz a papai, com voz estridente e zangada. Voltando-se para mim, lança um olhar de desaprovação para minha saia:

— Kate, pegue uma toalha no porta-malas e sente-se em cima dela. Não quero que suje o carro. E tire a lama dos sapatos.

Papai lança um olhar para mamãe e, quando vou para trás do carro pegar a toalha, ela me segue. Tenta sorrir, mas o sorriso não lhe alcança os olhos e ainda noto a irritação em seus brilhantes olhos verdes.

— Isto é difícil para todos nós, Kate. Com o tempo vai ficar mais fácil — diz isso como se tentasse convencer a si mesma.

Quero dizer: "Ah, é? É por isso que a senhora está devastada? Fica mais fácil? É por isso que não passa tempo algum comigo, não pergunta como foi meu dia nem se gosto de algum cara na escola? Porque fica mais fácil?". O fato é que não acredito. Quando vovó morreu, abriu-se em mim um grande buraco, e mesmo depois de se passar um ano esse buraco não diminuiu. Está claro que o de mamãe também não diminuiu. Na verdade, acho que está aumentando.

Mas tento devolver-lhe o sorriso e meus lábios tremem com a tentativa. Tento fazer a frase *certa* sair, algo simples como: "Sim, mamãe, eu sei. Vou ficar bem". Mas as palavras ficam presas na garganta. Ela dá meia-volta e vai para o lugar do passageiro. Encaro sua nuca, desejando ter minha antiga mãe de volta.

A caminho do restaurante, papai tenta iniciar uma conversa para aliviar o silêncio desconfortável, mas Gwen está escutando música, Paul está absorvido no livro e mamãe e eu olhamos pela janela, mal respondendo. Por fim, papai liga o rádio e conforma-se em cantarolar junto com ele. Aliviada, acomodo-me em meu lugar, batendo discretamente no bolso para me assegurar de que a conta do rosário ainda está lá.

Logo estamos na rua principal, na cidadezinha de Danville. Olho em volta sem interesse, mal notando os edifícios antigos que se alinham ao longo da rua. Estacionamos atrás de um antiquado carro de polícia branco e preto, que exibe na lateral o nome do restaurante, "Mayberry Cafe". Papai deixa escapar uma risada e explica que o restaurante é uma referência a algum programa de televisão da década de 1960 que apresentava um policial bobalhão.

Nada disso me interessa realmente. Tudo o que sei é que a conta do rosário está quente no meu bolso, enquanto saímos do carro e entramos no restaurante. Papai segura a porta e aspira profundamente:

– Hummm, cheirinho de frango frito – ele diz, batendo na barriga com um sorriso.

O restante da família permanece quieto, enquanto subimos as escadas para a sala reservada. Naturalmente, sento-me ao lado de Evelyn.

— Oi — ela diz dando-me um sorrisinho.

— Oi — respondo e enfio a mão no bolso para segurar a conta, sentindo-me culpada por não estar com pressa de contar nem mesmo a ela o que aconteceu. Conto tudo a Evelyn, tudo, mas simplesmente não estou pronta para falar sobre isso. O que eu diria? Como lhe contaria? Ela pensaria que estou maluca? Talvez seja apenas coincidência e estou agitada à toa. Talvez alguém mais tenha uma conta de rosário com as iniciais K.M.R. e a perdeu enquanto caminhava pelo bosque.

Certo. Quem estou tentando enganar?

Sinto pena da garçonete que se aproxima, parecendo nervosa. Acho que nosso grupo me faria suar, se eu fosse garçonete. Somos quase trinta pessoas e um bando de crianças, e muitos de nós estamos com os olhos vermelhos e inchados de tanto chorar. Peço um refrigerante e escondo a cara no cardápio, como se realmente pudesse pedir outra coisa além de um hambúrguer e batatas fritas. Na verdade, não estou com vontade de conversar, nem mesmo com Evelyn. As outras crianças a minha volta já fizeram os pedidos e começam a conversar umas com as outras. Gostaria que todas desaparecessem para eu ficar sozinha.

Meu desconforto faz o tempo se arrastar e parecer uma eternidade, até a garçonete trazer as bebidas e anotar nossos pedidos. Quando ela sai, olho em volta nos rostos conhecidos sentados perto de mim. Como de costume, estou presa na mesa das crianças. O irmão de 18 anos de Evelyn, Dylan, está sentado à minha frente e a irmãzinha deles, Ava, está à sua direita. Minha irmã Gwen está ao lado de Ava – ambas têm 13 anos e são melhores amigas como eu e Evelyn. O filho mais velho de tia Mary Ellen, Thomas, de 14 anos, está à esquerda de Dylan e o irmão dele, Isaac, de 12 anos, está a seu lado. Isaac idolatra Dylan, por isso ele se estica ao redor de Thomas para ouvir atentamente cada palavra de Dylan. Os dois de 10 anos – meu irmão Paul e o quarto filho de

Mary Ellen, Daniel – estão na ponta mais afastada da mesa, enquanto a caçula de Mary Ellen, Maria, está sentada à minha direita, ocupada em desenhar na toalha de papel da mesa.

Todas as outras crianças parecem recuperadas do constrangimento de terem estado no local do desastre, e sou a única que não está envolvida em uma conversa. Ainda me sinto um pouco abalada, pronta para chorar pelo menor motivo, e tenho medo de dizer alguma coisa a Evelyn, porque sei que ela não se deixaria enganar por mim e vai perguntar o que está acontecendo. Assim, murmuro alguma coisa a respeito de secar a saia no banheiro, empurro a cadeira e me dirijo às escadas, ansiosa por um pouco de privacidade.

Acho o banheiro, tranco a porta e coloco as mãos na beira da pia, olhando-me no espelho como se meu reflexo tivesse algumas respostas. O que me levou àquelas árvores? Como achei uma pequenina conta do rosário no meio daquele campo enorme, quando os investigadores não a viram? É apenas coincidência que seja a *minha conta* ou é mais que isso? Vovó está tentando falar comigo, de alguma maneira? E se está, o que ela está dizendo?

O espelho não tem respostas, por isso volto-me para o secador manual, que só fica ligado se seguro o botão, e me vejo pressionando-o com a mão esquerda nas costas, enquanto empino o traseiro em direção ao secador, usando a mão direita para erguer a saia em direção ao ar. Graças a Deus o banheiro é individual, assim não tem perigo de alguém me interromper.

Cinco minutos depois, finalmente satisfeita com os resultados, lavo as mãos e jogo água no rosto antes de sair do banheiro. A volta para a sala me faz passar por uma lojinha de presentes. Não estando pronta para enfrentar a turma lá em cima, finjo dar uma olhada na coleção de camisetas, canecas e quinquilharias. Ponho a mão no bolso para me assegurar de que a conta do rosário ainda está ali, então, pego-a, girando-a nos dedos. Vou até a janela, para procurar a luz do sol, e com a unha raspo a sujeira da letra K gravada.

Absorvida na conta, nem percebo que mais alguém entrou na loja de presentes, até que ouço uma tosse discreta. Levanto os olhos e vejo uma garota de pé, só um pouco afastada, e rapidamente devolvo a conta para o bolso. Ela me olha com interesse e ajeita uma mecha de cabelo rebelde atrás da orelha.

– Posso ajudá-la? – pergunta depois de uma pausa longa demais. A garota aparenta uns 18 anos e tem cabelo loiro, que está puxado para trás em um rabo de cavalo desarrumado. Veste o uniforme do restaurante: calças pretas e camisa castanho-avermelhado com o logotipo do restaurante.

– Hum, não. Estava só olhando.

– Certo. Bem, meu nome é Chelsea, se precisar de alguma coisa – dá de ombros e começa a se afastar, mas então para e pergunta: – Você está com aquele grupo grande no andar de cima?

– Sim, o grupo é minha família.

Ela arregala os olhos.

– Uau! É uma família grande. Vocês se reúnem desse jeito com frequência?

– Bem, costumávamos nos reunir. Quero dizer, ainda nos reunimos no Natal, no Dia de Ação de Graças, na Páscoa e coisas assim, mas... esta... – engulo em seco e pisco os olhos, não querendo chorar na frente de alguém que nem conheço. – Desta vez é diferente.

– Ah, como uma grande comemoração de aniversário, ou algo parecido?

Um risinho amargo me escapa.

– Não, não é um aniversário. Minha avó estava naquele avião há um ano. Aquele que... – as palavras ficam presas na garganta.

Chelsea tapa a boca com a mão. Arregala os olhos brilhantes cheios de compaixão.

– Oh, meu Deus. Sinto muito. Que horrível!

– Sim, bem... leva tempo, mas a gente supera – minto e dou de ombros.

Ela procura mudar de assunto.

– Ah, então, vocês... moram por aqui?

– A uns quarenta e cinco minutos, em Indianápolis. É a primeira vez que a gente vem aqui.

– Que bacana. Quero dizer, bem, não é, mas...

Decido ter dó dela.

– Legal esta loja que vocês têm aqui – aceno a minha volta.

– Sério? – ela revira os olhos. – Sim, eu acho, se você é alguém que gosta de programas antigos de televisão – sem graça ela ri e então olha em volta meio nervosa. – Bem, como eu disse, se precisar de qualquer coisa é só chamar – começa a ir em direção ao balcão, mas para e volta.

– Ei! Posso lhe fazer uma pergunta?

– Acho que sim – digo, mas tenho certeza que não vou querer responder.

– Aquilo que você estava olhando quando cheguei, que estava na sua mão. O que era?

Enfio os dedos no bolso e os coloco na conta, que está quente por estar guardada em segurança ali no bolso. Sem nem pensar a respeito, tiro a conta do bolso e seguro-a na palma da mão para ela ver. Não sei por que eu falaria dela com esta estranha, se não contei nem mesmo a Evelyn, ou a meu pai, mas de repente as palavras jorram de meus lábios.

– É uma conta de rosário. Sabe aqueles rosários que as velhinhas usam para rezar? Minha avó tinha um especial, que meu avô mandou fazer para ela; tinha uma conta gravada com as iniciais de cada um dos filhos. Depois, quando cresceram e se casaram, ela mandou fazer contas com as iniciais dos cônjuges. E quando tiveram filhos, ela acrescentou contas para as crianças. Assim, cada um de nós tinha uma conta com suas iniciais gravadas. Ela dizia que rezava por nós todos os dias.

– Uau! Ela parecia ser uma avó realmente especial – diz Chelsea.

Faço uma pausa, aí digo calmamente:

– Achei esta lá no campo hoje, durante a celebração. É a *minha* conta.

Continuo a encarar a conta prateada em minha mão por um momento, então finalmente levanto os olhos. O rosto de Chelsea ficou branco e ela está também encarando a conta. Imaginava não ser possível, mas aqueles grandes olhos castanhos ficaram ainda mais arregalados que antes.

Depois do que pareceu ser uma eternidade, entretanto, ela fixa o olhar em mim. A boca está aberta e ela move o maxilar como se quisesse dizer alguma coisa, mas não encontrasse palavras. Estende a mão e se apoia no balcão mais próximo, como para evitar de cair.

Por fim, ainda olhando diretamente nos meus olhos, ela murmura:

– Achei uma conta exatamente igual a essa. Só que as iniciais eram E.M.L. Dei-a a minha amiga Emma – olha para a conta na palma da minha mão. – Emma Marie Lowry: E.M.L. Ela... – seus olhos chocados voltam a encontrar os meus. – Ela acha que a conta salvou a vida dela!

Capítulo Três

Ficamos ali paradas, olhando fixamente uma para a outra por um tempão. Então, desvio os olhos, procurando desesperadamente um lugar para sentar. O peitoril da janela é estreito, mas grande o bastante para oferecer algum apoio e trêmula, encosto nele, pressionando contra o estômago a mão fechada em volta da conta.

Nesse momento, ouço passos que descem a escada à esquerda da loja. Dou um pulo, sobressaltada, quando mamãe surge no canto e para de repente.

— Kate! Aí está você. A comida está servida e a sua está... — mamãe se detém quando percebe que Chelsea e eu estamos boquiabertas diante dela. — Kate, o que está acontecendo? O que você está fazendo? — indaga.

— Nada! Eu estava apenas, hum, olhando a loja — respondo, tentando parecer normal. Olho desesperadamente em volta, tentando achar uma razão para ficar mais alguns minutos. — Eu estava só perguntando sobre estas... estas canecas de café. Já vou... já vou subir, está bem?

Mamãe franze os lábios e endurece o maxilar.

— Kate, esta é uma ocasião importante e não acho apropriado você ficar olhando uma loja de presentes, em vez de estar com a família. Venha comer.

Como posso discutir? Ela está certa. Assim, olho de relance para Chelsea e subo as escadas com mamãe.

A sala está relativamente silenciosa, pois todos estão ocupados comendo. Evelyn me dá uma olhada rápida e volta a comer, e percebo que ela está um pouco amuada porque saí. Olho para o hambúrguer com batatas fritas no prato, mas meu apetite sumiu faz tempo. Então, pego o copo de refrigerante e tomo um gole, tentando pensar no que dizer para Evelyn. Não me vem nada à cabeça e me conformo em sussurrar:

– Sinto muito. Explico depois – então largo o copo e dou uma mordida em meu lanche, agora frio.

Mantendo os olhos no prato para evitar o olhar de todos à mesa, penso no que Chelsea acabou de me dizer. E.M.L. Essa seria a conta de tia Liz. E de Elizabeth. E essa garota, Emma, acha que a conta salvou sua vida? Como pode ser isso? Muitas perguntas inundam meus pensamentos. Onde Chelsea achou essa conta? Há quanto tempo a achou? Isso tudo não é coincidência grande demais para ser realmente uma coincidência? Quero desesperadamente abandonar o prato e a família e voltar à loja de presentes para descobrir tudo que for possível a respeito da conta, de Emma e de como a conta salvou a vida dela, mas sinto os olhos de mamãe sobre mim. Lanço-lhe um olhar culpado e percebo ser óbvio que ela está mais do que apenas um pouco irritada por eu ter desaparecido por tanto tempo.

Procuro jogar conversa fora com Evelyn, de repente não querendo nada além de lhe contar tudo que aconteceu na hora que passou: ser atraída para aquele lugar no meio das árvores, enquanto todos rezavam o rosário, encontrar a conta – com as *minhas iniciais* – e, então, ficar sabendo que alguém mais tem outra conta dessas e acha que essa conta *salvou-lhe a vida*. Mas não há um jeito de conversar sobre isso aqui, não com toda a família em volta. Quem sabe como reagiriam? Nem sei o que está realmente acontecendo. Assim, pergunto a Evelyn como ela foi na prova de álgebra de quinta-feira e como vai indo no projeto de biologia e quando será seu primeiro jogo de softbol. Converso com Maria, de 5 anos, à minha esquerda, admirando e elogiando o desenho que ela fez, e faço um débil esforço para fingir que tudo está normal e bem.

O tempo se arrasta e não consigo evitar de olhar de vez em quando para a escada, querendo achar uma desculpa para voltar lá embaixo e saber o resto da história. Finalmente, vejo Chelsea parada no topo da escada com a bolsa a tiracolo e as chaves do carro na mão. Ela me lança um olhar desamparado e acena rapidamente. Vai embora, e é isso... Perdi a oportunidade de obter respostas para as minhas perguntas.

De volta em casa, na manhã seguinte vamos à missa das dez com o restante da família. Quase parecido com os velhos tempos, quando nos reuníamos para a missa, lotando quatro fileiras, com vovó e vovô no centro. Depois, porém, em vez de ir para a casa de vovó e vovô, como costumávamos fazer, descemos a rua em direção à casa de Evelyn, para tomar um lanche. Tia Susan montou um enorme banquete com tortas, rosbife, páezinhos de canela etc.

Eu esperava poder finalmente conversar com Evelyn a respeito da conta do rosário, mas a casa está cheia de parentes e conseguir um momento a sós é quase impossível. Está chovendo, por isso não podemos ir lá para fora. Gwen e Ava estão no quarto das meninas; os meninos estão jogando videogame no porão e parece que todos os outros espaços da casa estão cheios de crianças, adultos, ou ambos.

A uma e meia da tarde, mamãe diz que está na hora de irmos. Pergunto se posso ficar, na esperança de poder conversar com Evelyn depois de todos os outros irem embora, mas mamãe insiste que precisa de mim para olhar Paul, enquanto ela e papai levam Gwen para o treino de softbol e vão fazer compras. Reviro os olhos, mas vou para o carro.

Pelo menos meu trabalho de babá é fácil. Paul fica o tempo todo sentado no sofá assistindo ao beisebol, enquanto leio *O senhor das moscas* para a aula de inglês. Assim que mamãe, papai e Gwen entram pela porta, pergunto se posso ir à casa de Evelyn. Mamãe aperta os lábios. *Fala sério! Por que ela está irritada comigo agora?* Felizmente, papai faz que sim com a cabeça, antes de me lembrar de estar em casa para o jantar. Subo correndo para o meu quarto e telefono para Evelyn.

— Ev, sou eu. Posso ir até aí? Preciso falar com você.

— Sim, claro. Qual é o problema?

— Não posso dizer agora, mas conto tudo quando chegar aí. Ontem aconteceu uma coisa. Uma coisa realmente estranha. E legal. E, bem, quero contar e ver o que você acha.

Desligo e visto meu casaco verde forrado, luvas e chapéu, enquanto corro para a porta dos fundos apressada para tirar a bicicleta da garagem. Coloco o fone de ouvido, ligo o som e monto na bicicleta.

É um passeio tranquilo até a casa de Evelyn, só sete quarteirões. Felizmente, o sol saiu e esquentou bastante o dia e percebo que na verdade estou com calor dentro de minhas roupas de inverno. Meus pés tocam de leve nos pedais, quando me aproximo da casa e, ao chegar e colocar a bicicleta no suporte, estou cheia de ansiedade. Essa coisa toda é estranha. E se Evelyn achar que estou maluca? Respiro fundo, desejando me acalmar. Por que cargas d'água estou tão nervosa em contar o que aconteceu?

Depois de alguns segundos, aproximo-me da porta dos fundos e dou uma batidinha rápida, antes de olhar dentro da cozinha. Não tem ninguém lá, por isso entro e grito o nome de Evelyn. Ao ouvir a resposta, subo as escadas até seu quarto. Ela está recostada nos travesseiros da cama com um livro apoiado nos joelhos erguidos. Quando entro no quarto, ela ergue os olhos.

– Oi. Qual é o problema? – pergunta enquanto empurra os travesseiros, cruza as pernas e senta-se sobre o edredom listrado azul e verde.

Puxo a cadeira da escrivaninha e me estatelo nela, mordendo o lábio enquanto penso por onde começar. Olho acima da cabeça de Evelyn e vejo o crucifixo que pende sobre a cama. Não rezo com frequência, mas me vejo fazendo uma oração silenciosa para que ela acredite em mim – e que ela saiba o que devemos fazer. Então, respiro fundo e começo.

– Lembra-se do rosário da vovó? Aquele com as iniciais de todos esculpidas nas contas de prata?

– Sim, papai disse que ela rezava no mínimo um rosário todo dia por nós – Evelyn responde.

Estico as pernas para alcançar o bolso. Tiro a mão, e abro-a sem dizer uma só palavra, observando o reconhecimento estampado em seu rosto.

Evelyn olha fixamente para a conta um tempão sem palavras, antes de cuidadosamente estender a mão e pegá-la com os dedos. Olha as letras esculpidas, passando o indicador sobre elas, como fiz tantas vezes nas últimas vinte e quatro horas. Por fim, olha-me nos olhos e diz quase num sussurro:

– Onde achou isto?

Conto-lhe a história toda sobre escapulir do momento de oração ontem, quando estávamos no campo, e caminhar até as árvores e sobre como me senti *atraída* por elas, sem saber por quê. Conto-lhe sobre achar a conta e chorar, a chegada de papai, que me levou para o carro, e depois a ida ao restaurante e o encontro com Chelsea. Conto-lhe sobre E.M.L., Emma, que agora tem a conta de tia Liz.

— Mas olha que doideira, Ev. Essa garota, *Emma*? Ela pensa que a conta salvou a vida dela!

— Não pode ser! — Evelyn escuta sem se mover. Agora, inclina-se para mim, obviamente intrigada. — Salvou a vida dela? Como? O que aconteceu?

— Esse é o problema; eu não sei! Mamãe chegou nesse exato momento e me fez voltar para a mesa. Eu queria conversar mais com aquela garota, Chelsea, mas sabia que mamãe me mataria. Então, antes de acabarmos de almoçar, Chelsea subiu, acenou e foi embora!

— Temos de descobrir! — Evelyn exclamou. — Temos de saber o que aconteceu! E tia Liz precisa ficar com a conta dela! Era da vovó e ela deve ficar com a conta!

— Eu sei, eu sei! Mas o que posso fazer? Não dá para pegar a bicicleta, pedalar até lá e falar com Chelsea, muito menos pegar a conta de volta com a amiga dela. E se essa Emma não quiser devolvê-la? E aí?

— Bem, não sei. Para começar, ligue para o restaurante e pergunte por Chelsea. Se ela não estiver lá, pergunte quando ela volta ao trabalho e aí ligue de novo. Vamos, Kate! Onde está seu cérebro?

Ressinto-me um pouco de sua crítica. Está bem, isso é bastante óbvio. Não sei por que não pensei nisso antes.

— Você está certa — respondo. — Só precisamos descobrir o número de telefone do restaurante.

Agora, se eu fosse uma garota normal de 16 anos, tiraria o celular do bolso e procuraria Mayberry Cafe. Infelizmente, minha mãe é a bruxa má dos celulares e não me deixa ter um. Ela está de armação com a mãe de Evelyn — e, aliás, com a maior parte da família —, e, por isso, Ev também não tem um.

— Vamos procurar no computador da cozinha — Evelyn sugere.

– Espere – digo. – Acho que por enquanto devemos manter isto em segredo. Não sei por quê. Eu só... acho. Está bem?

– Claro – Evelyn concorda. – Entendo. Vamos ver se tem alguém na cozinha. Se o caminho estiver livre, vamos procurar o número. Caso contrário, pensaremos em outra coisa.

Vamos até a cozinha, fingindo estar com fome e em busca de um lanche. Tia Susan, claro, já está lá, picando legumes para o jantar. O computador está sobre a mesa num canto da cozinha, bem à vista da pia, onde tia Susan está. Ela vai com certeza imaginar o que estamos planejando, se sentarmos e fizermos uma busca no Google pelo número do restaurante. Cada uma de nós pega uma banana e subimos para replanejar.

– O que fazemos agora? – Evelyn pergunta, quando já estamos fora do alcance do ouvido de tia Susan.

– Não sei. Também não podemos fazer isso na minha casa. O computador está bem na sala de estar e *alguém* vai estar lá assistindo à televisão – bato a mão na boca.

Evelyn faz uma careta.

– Podíamos pedir a Dylan para usar o telefone dele – diz num sussurro.

Faço sinal concordando e vamos pelo corredor até o quarto de Dylan. Evelyn dá uma batidinha na porta fechada, mas não há resposta. Ela põe o ouvido na superfície de madeira e faço o mesmo. Ouvimos a voz de Dylan do outro lado e, pelo tom melado, é óbvio que ele está falando com a namorada.

Evelyn revira os olhos e sussurra:

– Ih! Ele pode ficar *horas* ao telefone!

Voltamos ao quarto de Evelyn e nos estatelamos onde estávamos antes sentadas, as duas pensando em silêncio. Evelyn morde o lábio e começo a roer uma ponta saliente na unha. Como conseguir um número de telefone, sem que nenhum membro da família perceba?

Por fim, faço uma sugestão:

– E a biblioteca?

– Brilhante! – Evelyn pula da cama. – Vamos!

Passamos pela porta e entramos na garagem, antes de nos ocorrer que precisamos avisar nossos pais sobre aonde vamos.

Entramos na casa correndo. Evelyn vai à cozinha para avisar a mãe, enquanto ligo para meu pai. Então, montamos nas bicicletas e saímos depressa.

Em uma tarde de domingo, a biblioteca está vazia. Achar um computador não é problema e depressa fazemos uma busca para saber o número de telefone do café. Anotamos o número e saímos imediatamente. Estamos perto das bicicletas, quando Evelyn para de repente.

– Espere! Nossos pais vão se perguntar por que fomos à biblioteca e voltamos de mãos vazias. Você não acha que deveríamos pegar alguns livros emprestados?

– Droga! – bato o pé e dou um soco no ar. – Mas e se Chelsea estiver trabalhando bem agora? E se demorarmos muito tempo e ela for embora?

Mas nós duas sabemos que não podemos chegar em casa, depois de uma ida à biblioteca, sem um livro sequer, e sem mais discussão Evelyn agarra meu braço e me puxa de volta para dentro do prédio.

Quinze minutos mais tarde, taxas pagas e livros na mão, Evelyn e eu estamos de volta às bicicletas. É claro, nenhuma de nós pensou em trazer uma mochila, e lutamos para guiar a bicicleta com uma só mão. Apressamo-nos o mais possível e quase batemos uma na outra ao passar pela porta de trás.

A mãe de Evelyn ainda está na pia da cozinha e ergue os olhos, quando chegamos apressadas.

– Uau, meninas, por que tanta pressa?

Evelyn diminui a marcha bruscamente.

– Ah, nada, mamãe! Só queremos começar logo a ler nossos livros! – ela responde, sem na verdade encarar a mãe.

Felizmente, somos grandes devoradoras de livros, por isso tia Susan fica só um pouco surpreendida e diz:

– Está bem, meninas. Divirtam-se.

Evelyn pega duas garrafas de água na geladeira e vamos para o outro andar. Quando estamos em segurança no quarto, sento-me na cama e olho fixamente para o telefone, com o coração disparado.

– Vamos Kate! Você tem de fazer isso! – Evelyn agarra o telefone sem fio e estende a mão, exigindo, sem palavras, o papel com o número rabiscado.

Respiro fundo e ponho a mão no bolso, onde meus dedos colidem com a conta enquanto procuro o pedacinho de papel. Entrego-o para Evelyn. Ela disca o número e então me passa o telefone.

O telefone toca várias vezes, antes de alguém atender.

– Alô? Oi! A Chelsea es... Chelsea está trabalhando? – gaguejo.

– O turno dela terminou neste minuto – diz a voz feminina do outro lado. Fico abalada. – Mas, espere. Talvez ela ainda esteja por aqui. Quem quer falar com ela?

– Hum, bem, meu nome é Kate Roberts. Falei com ela ontem na loja de presentes.

– Ahhhh, ela me falou a seu respeito. Um momento, deixe-me verificar se ela ainda está aqui – o telefone fica mudo, enquanto a garota me faz aguardar na linha. Olho para Evelyn, assustada, porque Chelsea pode ter contado a história a essa estranha, quando ainda não contei a ninguém, exceto para a Evelyn.

— Alô?

Reconheço a voz imediatamente e entusiasmada pulo da cama. Evelyn pula também e encosta a cabeça na minha para poder ouvir a conversa.

— Oi, Chelsea?

— Sim, oi! Kate, certo?

Murmuro uma afirmativa.

— Estava esperando que você ligasse. Não tinha ideia de como encontrá-la. Conversei com minha amiga Emma e contei tudo a respeito de sua conta do rosário. Ela quer muito encontrar você e contar sua história. Acha que isso seria possível?

Evelyn move a cabeça empolgada. Está pulando sem parar, dizendo:

— Sim! Sim! Sim!

Não faço ideia de como vou até Danville, mas acho que daremos um jeito.

— Hum, acho que sim. Quando?

— Bem, que tal quinta-feira?

Olho para Ev, mas ela sacode a cabeça:

— Amanhã — diz.

— Hum, quinta-feira não vai dar. Poderia ser amanhã? — pergunto.

— Tenho de verificar com Emma, mas, sim, é provável que dê certo.

Dou a Chelsea o número de telefone de Evelyn e desligo. Então, cai a ficha. Acabei de fazer planos para me encontrar com alguém a uma hora de distância, em dia de aula, sem nenhum transporte para ir e voltar do encontro. Meus pais não sabem que estou fazendo isso, os pais de Evelyn não sabem, *ninguém* que tenha carro sabe disso! E eu não planejava contar sobre isso a ninguém! Pelo menos, não por enquanto!

Viro-me para Evelyn:

– Amanhã? Amanhã! Por que amanhã? O que acabamos de fazer? Como diabos vamos conseguir ir até lá *amanhã?!*

– Kate! Relaxe! Tia Liz! Ela ainda está na cidade, na casa de tio Jon e tia Kathy! Temos que contar para ela. Ela é legal, e *a conta é dela*. Ela nos levará. Mas ela vai embora terça-feira, então, tem de ser amanhã.

Olho para o relógio. São quase cinco horas e logo terei de ir para casa jantar. Não temos muito tempo.

– Está bem. Você tem razão. Tem o número dela?

– Ah, não – Evelyn fica sem graça. – Mas tenho certeza de que minha mãe tem! Só precisamos achar o telefone dela, olhar os contatos e *voilà!*

Saibam que não sou nenhum anjo. Mas não fico completamente à vontade bisbilhotando o telefone de outra pessoa. Penso um pouco, antes de atribuir essa responsabilidade à Evelyn. É a mãe dela, a bisbilhotice dela. Eu sou só uma espectadora.

– Está bem. Tente. Vou esperar aqui.

Sento-me na cama e abro o livro que peguei na biblioteca.

Evelyn lança-me um olhar exasperado, antes de sair do quarto na ponta dos pés. Cinco minutos depois, está de volta com o telefone na mão, mas não parece feliz.

– Está sem bateria – sussurra.

– Onde está o carregador?

– Não sei! Procurei e não consegui encontrar.

– Bem, e o telefone de seu pai? Tia Liz é irmã dele. Ele deve ter o número dela.

– Tem razão, mas o telefone dele está no lugar de sempre. No bolso dele.

– Droga! Está bem, temos de achar o carregador.

De algum modo, minha resolução de ser apenas uma espectadora voa pela janela e agora estou envolvida em uma caçada a um carregador de celular. Procuramos no carro, na bolsa de tia Susan e no escritório. Não está. Por fim, vinte minutos mais tarde, estamos no quarto de seus pais e Evelyn sussurra em desespero: "Santo Antônio, Santo Antônio, por favor, pode me ajudar? O carregador de mamãe está perdido e preciso encontrar".

Rio discretamente. Imagine só! Que coisa mais boba rezar a um santo para que ele nos ajude a achar alguma coisa que perdemos!

De repente, Evelyn fica de joelhos, levanta a coberta e olha embaixo da cama.

– Ahá! Aqui está!

Ela pega um cabide, passa embaixo da cama e, de fato, lá está o carregador.

O sorriso de Evelyn é enorme e seus olhos brilham. Ela olha para o teto.

– Obrigada, Santo Antônio! Você é o maior!

Fico sem fala. Eu sinceramente não achava que Evelyn acreditasse nessas coisas. É apenas coincidência! Revirando os olhos, saio bruscamente do quarto, dando um suspiro de alívio quando chegamos a salvo no quarto de Evelyn.

Ligamos o telefone da mãe dela e esperamos impacientemente enquanto ele carrega o suficiente para funcionar. Por fim, Evelyn localiza a informação do contato de tia Liz e estende o telefone para que eu veja o número. Mais uma vez estou muito nervosa para pegar o aparelho e olho fixamente para o telefone sem fio, como se ele fosse um peixe pegajoso e fedorento. Evelyn, sempre a corajosa, agarra-o de cima do criado-mudo e aperta as teclas.

Ouço o telefone tocar no outro lado da linha, mas tia Liz não atende. Evelyn deixa um recado vago, pedindo que tia Liz ligue para ela, e desliga. Então ficamos sentadas, desejando que o telefone toque. Não temos sorte.

Trinta minutos depois, está na hora de eu ir para casa e ainda não temos notícias de tia Liz. Entretanto, tivemos retorno de Chelsea, e estamos resolvidas a nos encontrar com ela e com Emma no restaurante amanhã à tarde. Agora, só temos de arranjar uma carona.

Sinto uma angústia na boca do estômago, enquanto me afasto da casa de Evelyn pedalando. Agora só temos de fazer com que isso dê certo. Preciso realmente saber o que aconteceu com essa tal de Emma e como a conta do rosário salvou a vida dela. Percebo que obter essa informação, de repente, é mais importante para mim do que qualquer outra coisa.

Quando entro em casa, reconheço imediatamente o cheiro de pizza congelada sendo esquentada. *De novo, não!* Minha mãe adorava cozinhar, mas ultimamente temos comido um monte de coisas que vêm do congelador ou em uma caixa.

Suporto o jantar, olhando o relógio a toda hora. Papai tenta manter o papo, mas é uma batalha árdua. Mamãe fita o prato sem dizer uma palavra, mastigando mecanicamente. Paul está obviamente ansioso para ir lá fora e jogar beisebol com os garotos vizinhos, Gwen quer ler seu livro e eu quero ligar para Evelyn.

Obedientemente, ajudo a lavar os pratos, antes de agarrar o telefone sem fio e correr para o meu quarto, onde ligo para o número de Evelyn.

— Já teve notícias de tia Liz? — pergunto, sem nem mesmo dizer alô.

— Nenhuma — ela responde, com a voz cheia de preocupação. — Você acha que devo ligar de novo para ela?

— Não! Se ligar, ela vai se perguntar o que há de tão importante e pode comentar com tio Jon e tia Kathy. Eles acabarão ligando para sua mãe e, então, todo mundo vai fazer perguntas.

— Kate, deixe eu perguntar uma coisa. *Por que* é tão importante mantermos isto em segredo?

— Não sei! Simplesmente sinto que devemos. Você sabe como mamãe ficou depois que vovó morreu. Ela está realmente deprimida, não se entusiasma nem se alegra com *nada* e é como se estivesse sempre procurando uma razão para me dizer "não". Acho que tenho medo de que ela descubra e me diga que é tudo bobagem e que até mesmo investigar o caso é perda de tempo. De qualquer forma, ultimamente ela está mesmo amarga com qualquer "assunto sobre Deus".

Paro em frente à janela, olhando para o cair da noite.

— Sabe o que a ouvi dizer a meu pai? Ela estava falando que vovó costumava ir à missa todos os dias e rezava *o tempo todo*. E então disse: "Veja aonde isso a levou. Que perda de tempo!". Quem sabe o que ela diria, se eu lhe contasse tudo isto?

Quero registrar que meus pais nunca foram muito religiosos e acho que meu pai não crê, em absoluto, em Deus. Claro, costumávamos ir à missa todo domingo e eles nos matricularam em escolas católicas, mas, fora isso, não rezamos nem falamos de religião. É como se simplesmente mostrássemos um falso interesse, porque é isso que se *espera* que façamos. Mesmo assim, as palavras de mamãe realmente me surpreenderam, principalmente porque vovó obviamente tinha muita fé.

Engulo em seco e continuo:

— Sei que não faz sentido, mas acho que estou preocupada com o que mamãe vai fazer, se essa história toda acabar sendo uma espécie de milagre ou se descobrirmos que é tudo um monte de besteira. Receio que se descontrole, qualquer que seja o resultado, e ela *já está* descontrolada. O tempo todo. Não quero que ela perca o pouco de fé que lhe resta.

Paro ao me dar conta do sentido de minhas palavras. Eu não tinha pensado na coisa toda antes, por isso, é como se eu tomasse conhecimento de meus pensamentos pela primeira vez.

– Acho que é por isso que quero guardar segredo – termino de forma pouco convincente.

O telefone está mudo. Começo a me perguntar se Evelyn ainda está na linha. Então, finalmente:

– Está bem. Entendo. Vamos guardar segredo. Mas precisamos ter um plano B, no caso de tia Liz não ligar.

– Os ônibus urbanos vão até lá?

– Acho que não.

– Um táxi? – sugiro, esperançosa.

– Você faz ideia de quanto isso custaria?

– Sim, nossas duas mesadas combinadas para os próximos seis meses.

– Certo.

Silêncio. Mordo os lábios em busca de uma ideia.

Por fim, Evelyn diz com uma voz ligeiramente controlada:

– Dylan?

Bem, temos Dylan. Ele tem carro, um velho Honda Accord, que costuma acelerar até os limites do velocímetro. Se essas contas do rosário têm realmente algum tipo de poder e eu levar a minha comigo, sobreviveremos à viagem de ida e volta para Danville.

Respiro fundo.

– Dylan – juntando coragem, concordo. – Está bem. Vá falar com ele e me ligue de volta.

Evelyn desliga o telefone e me sento para fazer o dever de casa. Entretanto, não consigo concentrar-me e minha mente divaga, pensando em como nossa família mudou desde que vovó morreu.

Costumávamos ser uma daquelas famílias que se reunia todo fim de semana. Vovó e vovô tinham a mais legal das casas e não havia nenhum lugar que gostasse mais do que ali. Vovô sempre dizia: "Bem, foi por isso que construímos este lugar. Queríamos algo que atraísse os netos". Ele sorria, olhava para todos nós e dizia: "Acho que funcionou".

Sim, funcionou. A piscina, os jogos, a tevê gigantesca... havia sempre alguma coisa para fazer na casa de vovó e vovô. Mas era mais que apenas a casa. Eram as pessoas nela, pessoas que sempre nos acolhiam com um sorriso e nos davam a certeza de que éramos queridos e amados.

Vovó e vovô tinham sete filhos. Bem, é assim que sempre penso. Mas vovó dizia que tinha onze, sete que Deus lhe deu como dádivas na terra e quatro que ele precisou lá no céu. Nunca entendi como ela pôde aceitar tão bem ter perdido quatro bebês, mas acho que vovó era assim mesmo.

Aqueles sete filhos costumavam ser muito próximos, e seis deles ainda moram na cidade, a vinte minutos uns dos outros. O pai de Evelyn, David, é o filho mais velho. Ele e tia Susan têm três filhos. Minha mãe vem depois, e nossa família também tem três filhos. Em seguida vem tia Mary Ellen, que é só um ano mais nova que minha mãe. Segundo consta, as duas cresceram como gêmeas, por causa da idade tão próxima, mas elas se distanciaram nos últimos anos, principalmente depois que vovó morreu. Ela e o marido Robert têm cinco filhos até agora e quem sabe quantos mais vão ter no futuro.

Depois de Mary Ellen vem tio Matthew. Ele e a esposa, tia Janey, também têm cinco filhos. Então, vem tio Joseph, o padre. Havia outro irmão depois de Joseph, Mark, mas ele morreu logo depois de nascer.

Tio Jonathan é o seguinte, e ele e tia Kathy não têm filhos, embora estejam casados há algum tempo. Os três abortos de vovó aconteceram entre tio Jon e tia Liz, o que faz com que tia Liz seja muito mais jovem que todos os outros. Sempre achei que ela deveria ser um pouco solitária ou talvez um pouco mimada, ou os dois. Apesar de tudo, ela é jornalista em Denver e é muito legal. Como Evelyn e eu somos as meninas mais velhas, quando ela está na cidade, às vezes nos leva ao cinema, à manicure e coisas assim.

Então, sete filhos, dezesseis netos e agora, vovó e vovô, se foram. Quando estamos juntos, parece que todo mundo ainda é bastante chegado, mas quase não nos reunimos mais. Todos temos nossas atividades e nossos amigos e nossa vida. Seja como for, ninguém tem uma casa suficientemente grande para todos. Creio que vovó e vovô eram a cola que nos unia e, sem eles, parece que todos acabamos nos afastando.

O telefone toca, interrompendo meu devaneio. Agarro-o, antes que qualquer outra pessoa da família o faça, calculando ser Evelyn.

– Ele vai nos levar – ela diz assim que atendo.

Solto o fôlego, que nem tinha percebido que estava prendendo.

– Mas temos de pagar a gasolina.

Está bem, isso é exequível.

– E as tarefas domésticas dele vão ficar por minha conta durante uma semana para compensar seu tempo.

Melhor Evelyn do que eu.

– Então, qual será a história para nossos pais? – ela pergunta.

Ai, essa é difícil. Nunca agi furtivamente desse jeito antes e, embora minha mãe esteja me deixando maluca ultimamente, eu realmente não quero mentir para ela. Mas não vejo alternativa.

– Que tal fazer compras? – respondo com relutância.

– Sim, acho que isso funcionaria. Mas, na verdade, não queria mentir para meus pais – Evelyn repete minha ansiedade.

– Você pode se confessar no sábado – tento ser petulante. – De qualquer modo, será mais ou menos verdade. Podemos comprar alguma coisa na loja de presentes.

– Essa é boa. Que tal você vir aqui em casa depois da aula? Dylan tem uma reunião com o orientador, mas pode nos levar depois disso.

E assim, nossos planos estão prontos. Desligo e tento ler o livro de História de novo. Vai ser uma longa noite.

Capítulo quatro

Bem, dormi mal a noite passada e pelo jeito hoje fui mal na prova de História. Mas tudo que realmente me importa agora é que Evelyn e eu estamos indo para a casa dela e, em menos de duas horas, vamos encontrar Chelsea e sua amiga Emma.

Dizemos olá para tia Susan, pegamos um petisco e subimos ao quarto de Evelyn para fazer o dever de casa. A cor preferida de Evelyn é o azul, e o tom azul-claro das paredes, o edredom de listras verdes e azuis e os travesseiros verdes proporcionam um pano de fundo tranquilizante para nos acalmarmos e esperarmos. Ela se senta à escrivaninha e eu me deito na cama, com *O senhor das moscas* aberto à minha frente. Evelyn liga o aparelho de som e toca seu fundo musical do "dever de casa".

Evelyn pode ser minha melhor amiga, mas definitivamente não temos o mesmo gosto para música. A primeira do repertório é um coral gregoriano – um grupo de monges cantando em latim. A segunda apresenta um famoso coro infantil cantando outro hino, mais uma vez em língua estrangeira. Não entendo por que alguém ouve músicas que não entende, mas Evelyn escuta isso o tempo todo. Ela tenta explicar dizendo que as canções a fazem pensar em anjos cantando e a deixam em "um estado de espírito celestial", o que quer que isso signifique. Pessoalmente prefiro escutar sucessos recentes.

Divago quando penso no comentário de Evelyn sobre anjos cantores. Como lhe disse ontem à noite, não sou realmente ligada nessa coisa toda de "religião", embora estude em uma escola católica. Mas *creio* verdadeiramente que existe um Deus. As pessoas, os animais, a terra... é tudo complicado demais para ser apenas uma coincidência. Tem de haver algum tipo de "ser superior" que fez tudo se juntar tão primorosamente. E Jesus? Bem, ele parece um cara bastante legal, por isso acho que ele também não é um problema para mim.

Nas aulas de religião, aprendemos sobre o purgatório, então suponho que muita gente não vai direto para o céu. A sra. Dawson fazia-nos consultar muitas citações na Bíblia, como quando Jesus disse: "Entrai pela porta estreita! Pois larga é a porta e espaçoso o caminho que leva à perdição" ou "Sede perfeitos como o vosso Pai celeste é perfeito". E São Paulo disse alguma coisa sobre ser testado pelo fogo. Depois que aprendemos a respeito dele, o purgatório fez muito sentido para mim. Quero dizer, todo mundo sempre fala sobre o céu, mas percebo que muitos de nós na verdade não somos bons o bastante na terra para ganharmos um bilhete direto para o paraíso.

Quando falamos sobre o purgatório, a sra. Dawson explicou muito bem o fato de que quem vai para o céu é santo, não anjo. Alguma coisa sobre anjos serem seres celestiais ou espíritos, assim, as pessoas não poderiam simplesmente "tornar-se" anjos.

Enquanto escuto a música, penso em vovó como santa, não anjo, e espero que ela esteja no céu. Estará zelando por nós? Será que pode ir até Deus e pedir-lhe favores especiais? Estará *ela*, de algum modo, por trás do fato de eu achar a conta do rosário?

Hoje fui à escola com a conta em uma longa corrente de prata que achei na caixa de joias. Ela está em segurança embaixo da minha blusa, onde ninguém pode vê-la. Encosta na minha pele a todo momento e me faz lembrar que está ali. De algum modo, sinto-me tranquila sempre que penso nela. Agora, deitada na cama de Evelyn, tiro-a e passo os dedos nela.

Forço a atenção de volta ao livro, pois temos uma prova sobre ele amanhã, e leio a maior parte do último capítulo, antes de ouvir o som da voz de Dylan no andar de baixo. Finalmente, Evelyn e eu levantamo-nos e, ao percebermos que ainda estamos de uniforme, nos trocamos depressa. Evelyn veste um par de calças azuis e uma blusa listrada azul e verde. Rio por dentro ao perceber que ela combina com o quarto, mas não digo nada. Visto jeans e uma camiseta de manga comprida que mostra meu espírito colegial.

Quando descemos para esperar Dylan, procuramos parecer indiferentes. Evelyn diz à mãe que Dylan concordou em nos levar às compras. Olho para a porta dos fundos, pouco à vontade com a distorção da verdade.

Dylan não está com tanta pressa quanto nós e parece demorar a vida toda para se trocar e ficar pronto para sair. Dez minutos depois, finalmente estamos no carro indo ao encontro de Chelsea, Emma e da outra conta do rosário.

Está um dia lindo, com apenas um leve sinal de friagem, como se o inverno tentasse agarrar a primavera de volta. As árvores começam a mostrar sinais de verde e alguns pés de açafrão apareceram de repente nos jardins das casas. Enquanto Dylan afasta-se de casa a toda velocidade, procuro concentrar-me na paisagem e não no velocímetro, agarrando o trinco da porta, quando ele vira uma esquina depressa demais.

Quando saímos do tráfego urbano, Dylan olha para mim pelo espelho retrovisor:

– Então, Kate, Evelyn me contou um pouco do que está acontecendo, mas eu gostaria de ouvir da sua boca – diz com sua voz de 18 anos, mais autoritária.

Respiro fundo e começo a contar a história, exatamente como a contei para Evelyn ontem à tarde.

– Então, agora vamos descobrir o que aconteceu a Emma e, com sorte, poderemos pegar de volta a conta de tia Liz também – concluo, quando paramos em mais um sinal na estrada para Danville.

Dylan não faz nenhum comentário e, em vez disso, aumenta o som do rádio e parece absorto em pensamentos. Por fim, quando entra suavemente em uma vaga de estacionamento, ele comenta:

– Bem, vamos descobrir o resto da história – e sai do carro.

A sineta da porta toca, quando entramos no restaurante. Chelsea está sentada à uma mesa, logo depois da loja de presentes, e uma garota esbelta, de cabelo eriçado, castanho e curto, está sentada ao lado dela. Evelyn e eu sentamos do outro lado e Dylan puxa uma cadeira para a ponta da mesa.

Apresento meus primos e Chelsea apresenta sua amiga Emma, antes de perguntar se pode pegar um refrigerante para cada um de nós. Enquanto ela vai à cozinha pegar as bebidas, viro-me para a outra garota. Ela parece ser um pouco mais velha que Chelsea, talvez tenha uns 19 anos. Tem um ar muito confiante, com um brilho caloroso e amigável nos olhos.

– Então, suponho que vieram por causa disto – Emma diz, enquanto puxa um colar debaixo da blusa, revelando a conta presa a ele. Um pouco relutante, abre o colar e coloca a conta na palma da mão. Quando começa a falar, continua olhando para a conta.

– Um dia no verão passado, Chelsea estava saindo do trabalho quando, ao procurar as chaves, alguma coisa caiu da bolsa dela. Quando foi pegá-la, achou *isto* em uma fenda na calçada. Ergueu a conta e viu que tinha minhas iniciais. Somos como irmãs; moro com sua família desde que minha mãe precisou mudar-se por causa do trabalho, há dois anos, e eu não quis sair de nossa escola no meio do ano. Ela estava tão entusiasmada quando chegou em casa naquele dia e me mostrou esta conta! Também achei muito legal, mas sempre me senti um pouco culpada por guardá-la, porque sabia que ela pertencia a outra pessoa. Mas, claro, eu não sabia a quem devolvê-la, por isso... Enfim, pus a conta nesta corrente e passei a usá-la todos os dias. Havia alguma coisa em usá-la que... não sei. Alguma coisa nela simplesmente fazia com que me sentisse bem.

Emma ergue os olhos da conta em sua mão e olha de relance para mim, Dylan e Evelyn, antes de fixar o olhar de volta em mim:

— Então, um dia de manhã cedo eu estava indo para o trabalho, na mercearia da cidade. De repente, um carro veio como um raio em minha direção, na contramão. Descobrimos, depois, que o motorista estava bêbado. Esse carro bateu no meu e o fez capotar. Na verdade, não me lembro disso, nem de ficar pendurada de ponta-cabeça no meu banco, esperando a ambulância; é como se eu tivesse bloqueado o momento do acidente. Mas de uma coisa lembro bem: fiquei realmente apavorada e não conseguia parar de pensar que ia morrer. Então, aconteceu a coisa mais esquisita.

Emma sacode a cabeça, como se ela mesma custasse a acreditar:

— Senti o cheiro de *rosas* — ela olha para mim e Evelyn à sua frente. — Não havia engano. Estávamos em pleno inverno, mas eu tenho certeza que senti cheiro de rosas. Então, ouvi a voz de uma mulher e de repente entendi... — sua voz fica engasgada e sua expressão muda para uma de deslumbramento: — eu simplesmente sabia que tudo ficaria bem. A mulher me disse para aguentar firme, que eu ia ficar bem. Senti a mão dela segurando a minha, e isso me confortou — Emma põe a mão direita sob a palma da esquerda e a olha fixamente, enquanto recorda:

— Disseram-me que tiveram de abrir a porta com o uso de alicate hidráulico, e os paramédicos afirmaram que eu não devia ter sobrevivido. Eu estava desmaiada quando me encontraram, mas voltei a mim enquanto me puxavam para fora do carro. Depois, perguntei se tinham visto a mulher que estava comigo, mas ninguém viu nada. Mas sabe o que eu tinha na mão? – ela ergue a conta na corrente. – Esta conta. Não sei como ela chegou lá. Estava em volta do meu pescoço. A corrente nem mesmo estava quebrada. E a conta estava na minha mão.

Ela me olha nos olhos, enquanto os seus se enchem de lágrimas:

— E ela tinha cheiro de rosas.

Todo mundo fica em silêncio por vários minutos, enquanto a história é absorvida, e sinto arrepios nos braços e nas pernas. Então, um pouco sem jeito, Emma conclui:

— Sei que parece loucura, mas sinto que, de alguma forma, esta conta salvou minha vida.

Agora o silêncio reina pelo que parece uma eternidade. O que dizer disso tudo? Com certeza, não vou abrir a boca para falar alguma coisa estúpida.

Finalmente, Dylan pega seu refrigerante e sorve ruidosamente o restinho. O encanto se quebra.

Emma tira a conta da corrente e estende-a para mim.

— Não, não posso aceitá-la – eu digo –, agora é sua.

— Não, não é. Chelsea me contou que era de sua avó. E me contou como você achou a outra conta no campo onde... Eu não me sentiria bem ficando com ela. Além disso, ela já cumpriu seu propósito. Acho que não vou mais precisar dela.

Põe a conta na palma da minha mão, dobra meus dedos sobre ela e carinhosamente empurra minha mão fechada.

Mais silêncio. Sinto lágrimas brotarem nos meus olhos e uma escorre pela minha face. Ouço Evelyn fungar a meu lado.

Chelsea finalmente quebra a tensão.

– Então, o que vocês vão fazer agora? Vão tentar encontrar as outras contas?

Capítulo cinco

Fico um momento chocada e em silêncio. A ideia de procurar todas as contas nunca me havia passado pela cabeça. Evelyn e eu olhamos uma para a outra e arregalamos os olhos, emocionadas. É possível? Poderíamos fazer isso?

— Mas como...

— Aonde nós... — Ev e eu começamos a falar ao mesmo tempo e, então, começamos a rir nervosamente, aliviadas pela mudança de assunto depois da emoção de ouvir a história de Emma.

Dylan interrompe nossa risada revirando os olhos e se afastando da mesa.

— Vamos, gente. Temos de ir. E não vou trazê-las aqui de novo, por isso, se vão procurar mais contas, vão ter de achar outro motorista.

Evelyn não se move da cadeira.

— Ótimo. Acharemos outra pessoa — cruza os braços com um olhar de desafio em direção ao irmão que idolatra. — Em todo caso, nós duas teremos carta de motorista antes do fim do verão.

— Se for preciso, viremos de bicicleta! — digo cruzando os dedos atrás das costas, na esperança de não precisar chegar a esse ponto.

– Chelsea e eu podemos ajudar – diz Emma, e eu dou um suspiro de alívio. – Podemos levar as contas para vocês ou até mesmo mandá-las pelo correio.

Chelsea interrompe:

– Sim, definitivamente nós podemos ajudar. Mas, primeiro, temos de pensar em como vocês vão *achar* mais contas.

Isso é fácil. Afinal de contas, ajudo a anunciar as peças da escola.

– Pregaremos cartazes – digo com um encolher de ombros. – E podemos até pôr anúncios no jornal.

Chelsea acena com a cabeça.

– Pregaremos um cartaz aqui no restaurante!

Emma concorda.

– Poderiam colocar um na mercearia também e poderíamos pregá-los por toda a rua principal.

– Então, está combinado – digo. – Tentaremos achar o restante das contas.

Dylan está esperando com impaciência, por isso começo a me levantar, mas paro e olho para Evelyn.

– E se acharmos *todas* elas? Acha que poderia haver outras histórias como a de Emma?

Ela se surpreende e diz resolutamente:

– Bem, só há um jeito de descobrir.

Quando saímos do café, Chelsea e Emma pareciam velhas amigas nossas, embora tivéssemos acabado de nos conhecer e elas sejam mais velhas que nós. Trocamos abraços e concordamos em entrar em contato logo. Guardei seus números de telefone e e-mails em segurança no bolso.

Evelyn e eu estamos atordoadas de tanta emoção. Na volta para casa, ela se senta de lado e eu me inclino para a frente, agarrando o encosto de seu banco para podermos conversar à vontade. Ainda afetadas pelo que ouvimos, não conseguimos parar de falar na história de Emma.

— De quem você acha que era aquela voz? – pergunto.

— Que pergunta idiota! Era Maria Santíssima! – Evelyn responde.

— A Virgem Maria? De jeito nenhum! – eu protesto. – Talvez fosse vovó.

Inesperadamente, Dylan se intromete:

— Concordo com Evelyn. Ouvi histórias de pessoas que sentiram cheiro de rosas quando tiveram experiências místicas. Era Maria.

Toco as duas contas do rosário que agora pendem da minha corrente.

— Então você acha que a conta de Emma tem algum tipo de vínculo especial com a Mãe de Deus?

— Não sei nada sobre *poder*, mas há alguma coisa *especial* na conta – Evelyn responde.

— Sabe, ela poderia simplesmente ter imaginado coisas – Dylan, sempre o descrente, acrescenta. – Talvez no subconsciente Emma soubesse que a conta era de um rosário. Talvez isso, juntamente com o fato de ter sofrido um acidente realmente assustador, fez com que imaginasse o cheiro de rosas e a voz de mulher.

Penso um momento, então digo:

— Não, Ev está certa. Há alguma coisa de especial nessas contas. Minha conta *atraiu-me para ela*. Esta conta *salvou a vida de alguém*. Alguma coisa está acontecendo aqui e o único jeito de descobrir o que é – ou por quê – é achando mais contas.

Evelyn e eu passamos todo o caminho de volta para casa tagarelando excitadamente sobre o que colocar no cartaz e em qual jornal pôr os anúncios. Ao nos aproximarmos da casa de Evelyn e Dylan, porém, havia um assunto que todos sabíamos que não podia mais ser adiado.

Finalmente, Evelyn toca no assunto:

– Acho que temos de contar a nossos pais.

Respondo imediatamente:

– De jeito nenhum. Você tem ideia do *quanto* minha mãe vai ficar irritada? Fomos de carro até Danville e mentimos a respeito. Ela vai me deixar de castigo pelo resto da vida.

Dylan concorda:

– Não vou me meter em apuros por causa dessa pequena conspiração. Eu só estava ajudando vocês. Vocês não podem mudar de atitude agora e admitir que erraram. Não sei se vamos ficar de castigo "a vida toda", mas por pelo menos uma semana é certeza e, quanto a mim, tenho planos para este fim de semana.

Adoro minha prima. Ela é a melhor prima que uma garota poderia desejar, mas, quando decide adotar a atitude de anjo perfeito, eu ficaria feliz em trocá-la por outra. Esta é uma dessas ocasiões.

Evelyn se endireita no banco com ar resoluto.

– Bem, não posso continuar mentindo para meus pais. Lamento, mas, se você quer minha ajuda para seguir adiante, teremos de contar para eles.

Suspiro frustrada. Não quero fazer isto sozinha. Bem, está certo, eu não estaria sozinha. Chelsea e Emma já disseram que vão ajudar. Mas fazer as coisas sem Ev?

– Está bem – finalmente resmungo em voz baixa. Então, como ninguém responde, repito mais alto: – Ótimo. Podemos contar para eles. Mas, da próxima vez que quiser bancar a boazinha para o papai e a mamãe, avise-me antes.

Dylan não lhe dá chance de responder, mas esmurra o volante.

– É a última vez que faço um favor a vocês, garotas! Vocês nunca vão conseguir se divertir, já que não conseguem esconder nada dos pais de vez em quando!

Evelyn dá uma risada.

– Ah! Sim, olhe aonde isso o levou! Toda vez que tenta mentir para mamãe e papai, eles descobrem e você acaba em apuros. Aliás, não à toa você só pegou este brinquedinho de volta há algumas semanas – ela diz, passando a mão no painel de instrumentos do carro. – Obrigado pelo conselho, irmãozão. Vou aprender com seus erros. Podemos ter mentido, mas acabamos aqui. Mentiras em cima de mentiras só pioram o problema e também o castigo. Se confessarmos agora, eles vão reconhecer nossa sinceridade e, com sorte, não serão muito duros conosco.

Evelyn olha para mim com um sorriso angelical, piscando um pouco, mas parece meio perturbada quando descreve seu plano:

– Vamos contar a verdade para eles. E você tem razão. Ao que tudo indica, ficaremos de castigo. Por isso, acho que foi bom que Chelsea e Emma tenham se oferecido para pregar os cartazes, pois não creio que poderemos fazer muita coisa por algum tempo.

Podem me chamar de covarde, mas eu definitivamente não quero contar sozinha para meus pais. Sei que minha mãe teve de levar Gwen para o treino de softbol e Paul para o beisebol, por isso, quando chegarmos na casa de Evelyn, vou ligar para ela e perguntar se pode vir me pegar depois de levá-los, imaginando que ela vai entrar para conversar com tia Susan. Dessa forma, Evelyn, Dylan e eu ficamos todos diante do juiz e do júri ao mesmo tempo. Minha mãe tende a ser mais severa do que tia Susan, assim, também espero que tia Susan a demova do primeiro impulso de punição que, com certeza, será deixar-me de castigo pelo resto da vida.

Evelyn e eu nos escondemos no quarto dela para esperar a chegada de minha mãe e um silêncio lúgubre paira sobre nós. Abro de novo *O senhor das moscas* e finjo ler, mas não consigo concentrar-me. Sinto-me literalmente enjoada, enquanto penso na discussão que está por vir.

Finalmente, ouvimos minha mãe no andar de baixo me chamando para descer. Paramos no quarto de Dylan, e Evelyn põe a cabeça na porta, para que ele saiba que está na hora. Então, nós três descemos devagar as escadas.

Mamãe e tia Susan estão na cozinha, conversando. Evelyn limpa a garganta e começa nossa confissão.

— Mamãe, tia Teresa, precisamos falar com vocês.

As duas mulheres trocam olhares, antes de se virarem para nós três. Tia Susan olha Dylan de relance, obviamente um pouco surpresa por ele estar envolvido em alguma coisa que Evelyn e eu tramamos.

— Sim. Bem, vamos para a sala de estar, onde todos ficaremos mais confortáveis — tia Susan sugere, sempre calma e se mostrando uma excelente anfitriã.

Vamos à sala de estar. Mamãe e tia Susan sentam-se nas duas poltronas de brocado, enquanto Dylan, Evelyn e eu ficamos de pé, em frente à lareira. Olho fixamente para minhas mãos, achando que eu é que deveria falar, já que fui eu que armei essa confusão. Mas por onde começo?

— Na verdade, hoje não fomos fazer compras.

Mamãe e tia Susan mostram-se surpreendidas e esperam que eu continue.

Passa-se um momento enquanto tento pensar no melhor jeito de contar a história. Penso que a informação "fizemos isto por tia Liz" é provavelmente melhor.

— Fomos a Danville, ao restaurante onde comemos sábado depois da... da cerimônia religiosa.

Percebo que mamãe está ficando um pouco irritada.

— Katelyn, vocês *mentiram* para nós? Você *sabe* como isso é grave! — diz ela.

— Sim, mamãe, eu sei. Eu não queria mentir, *nós* não queríamos — olho para Evelyn e Dylan. — Mas não sabíamos direito o que estava acontecendo para ter certeza de que podíamos contar-lhes algo a respeito — continuo, arrebatada. — Aconteceu uma coisa estranha. Quando estávamos naquele campo, sábado, e todos ali rezavam o rosário, caminhei até uma área arborizada. Só que não caminhei simplesmente até lá. Foi como se eu fosse *atraída* para lá. Não sei por quê, mas, depois que comecei, eu tinha de continuar seguindo aquele caminho.

— O que isso tem a ver com mentir, Katelyn? — os olhos de mamãe cintilam com um misto de medo e raiva.

— Deixem-me contar o resto — falo sem pensar, então me controlo e prossigo. — Quando cheguei perto das árvores, havia uma porção de florzinhas roxas misturadas à grama. Vocês sabem como vovó amava flores, certo? Bem, olhei para baixo e havia uma coisa brilhante no meio das flores. Peguei-a, e sabe o que era? — faço uma pausa como se elas fossem responder. — Era uma conta do rosário de vovó. Era a *minha* conta. K.M.R. *Minha conta.*

Tia Susan fica de boca aberta e as mãos de mamãe movem-se trêmulas até a boca. Eu continuo:

— Foi por isso que fiquei tanto tempo no meio das árvores e demorei para voltar para o carro. Eu simplesmente não podia acreditar. Aí, entramos no restaurante e a garota que trabalhava na loja de presentes, que se chama Chelsea, me viu examinando a conta. Perguntou o que era aquilo, e eu lhe disse. Então, as coisas ficaram ainda mais estranhas. Chelsea me disse que havia encontrado uma conta igualzinha à minha, do lado de fora do restaurante, algum tempo atrás. Ela a deu para a sua melhor amiga, Emma, porque tinha as iniciais dela, E.M.L.

Mamãe afunda na poltrona e fecha os olhos. Tia Susan estende o braço e agarra a mão de mamãe, e vejo que seus olhos se enchem de lágrimas. Vovó pode não ter sido sua mãe, mas sei que tia Susan sente a falta dela tanto quanto o restante de nós.

Fico olhando e deixo que percebam o que está acontecendo, antes de continuar com a história de Emma. Tia Susan é a primeira a falar.

— Liz. É a conta de Liz, certo?

— Sim — Evelyn interpõe. — Tentamos falar com ela ontem à noite, para ver se podia nos levar para pegar a conta com Emma e ouvir a história. Mas ela não atendeu nem ligou de volta.

Tia Susan parece assustada, depois culpada.

— Oh, Ev! Ela telefonou! Ela enviou uma mensagem enquanto eu estava em uma ligação e me esqueci completamente! Sinto muito, simplesmente esqueci!

— Tudo bem — Evelyn responde. — Dylan nos levou.

— Nada disso explica realmente por que vocês mentiram para nós — mamãe diz.

— Eu sei — meus ombros se curvam. — Mas primeiro posso contar-lhes o resto da história? — acrescento esperançosa.

Mamãe cruza os braços e assente com a cabeça. Seu olhar, porém, deixa claro que ela não deseja ouvir mais nada. De qualquer forma, recomeço a história.

— Então, quando Chelsea contou-me a respeito da conta, ela também disse que a amiga, Emma, achava que a conta tinha salvado sua vida. A princípio, queria pegar a conta de volta, porque era do rosário de vovó, e achava que tia Liz ia querê-la. Mas, quando Chelsea disse que a conta podia ter salvado a vida de uma pessoa, eu *precisava* saber como isso tinha acontecido.

— De novo, não há uma razão aceitável para mentir. Por que não nos contaram? — mamãe insiste.

Gostaria de poder recuar e evitar toda esta conversa. É a última coisa sobre a qual desejo falar, principalmente na frente de tia Susan, Evelyn e Dylan. Olho fixamente para minhas mãos, para evitar encará-la.

– Você está tão diferente desde o acidente do avião. Está tão triste e brava o tempo todo – olho os outros de relance, sem querer compartilhar segredos, mas, reconheçamos, todos viram como ela mudou. Não estou dizendo nada que todos já não saibam.

Dou uma olhada no rosto fechado de mamãe e volto a olhar para minhas mãos.

– Tive medo de você me dizer não, medo de você dizer que era uma bobagem, que estava desperdiçando meu tempo. Por isso não contei a você, e também não contei ao papai, porque sabia que ele me faria contar a você. E pedi a Evelyn que também não contasse a ninguém – olho de novo para mamãe e engulo as lágrimas. – Desculpe – digo num sussurro.

Mamãe levanta-se. É óbvio que falei demais.

– Kate, conversaremos mais sobre isto em casa. Está na hora de irmos – ela se despede friamente de tia Susan e, então, sai irritada e vai para o carro.

Começo a segui-la, mantendo a cabeça baixa para que não vejam as lágrimas que agora escorrem pelo meu rosto. Mas não engano tia Susan. Ela vem até mim e me dá um abraço.

– Kate, vai ficar tudo bem – ela mantém os braços em volta de mim e minhas lágrimas logo ensopam o tecido da sua blusa.

– Você verá. Talvez isto seja apenas o que sua mãe precisa. Talvez isto a ajude – ela põe as mãos nos meus ombros, afastando-me delicadamente para olhar-me nos olhos. – Kate, você precisa rezar. Reze por sua mãe. Também vou rezar por ela – dá outro abraço rápido e me deixa ir.

Aceno com a cabeça para tia Susan e resmungo um adeus para Evelyn e Dylan, antes de agarrar minha mochila e sair pela porta. Mamãe está sentada no banco do motorista, com as mãos no volante e o motor funcionando. Não olha para mim quando entro no carro. Engata a marcha, segue pela estrada e vamos para casa em um silêncio impassível.

Capítulo seis

– Ainda tenho de pegar sua irmã – mamãe diz, quando abro a porta do carro. – Vá para o quarto. Espero encontrar você lá quando chegar em casa.

Meu estômago ronca. Ainda não jantei e estou morrendo de fome. Mas não caio nessa de discutir, por isso entro em casa e vou direto para as escadas. Nossa cadela, uma labradora amarela chamada Amber, parece perceber meu humor e caminha suavemente a meu lado.

Pego um livro na estante e me sento na cama. Travesseiros nas costas, joelhos erguidos para apoiar o livro, tento concentrar-me na história, estendendo de vez em quando o braço para acariciar a cabeça de Amber. Mas minha mente divaga e penso no que tia Susan disse. Rezar por mamãe... É sério? Por que eu faria isso? Ela não parece estar rezando por mim. Está o tempo todo exasperada com alguma coisa, nunca tem nada de gentil para dizer e fica totalmente absorvida em si mesma e no que a morte da vovó *lhe causou*. Será que ela não percebe que *todos nós* estamos sofrendo? Ela não é a única que sente falta da vovó. Tenho vontade de falar sobre a vovó, sobre como ela era maravilhosa, e rir de suas pequenas manias engraçadas. Gostaria de assar biscoitos e lembrar que era vovô quem fazia isso, ou de comer confeitos de chocolate e recordar que ela saía todos os dias para comprar um pacotinho para consumo próprio. Mas não posso! Não posso fazer isso porque minha mãe, a pessoa que devia estar fazendo todas essas coisas comigo, me excluiu e excluiu todo mundo e, droga!, estou irritada com isso! Por isso, não, não vou rezar por ela! De qualquer forma, não fico por aí rezando pelas pessoas e não vou começar agora! Muito menos por *ela!*

Percebo que estou chorando de novo. E agora estou com raiva de mim mesma por ficar triste por alguém que deixou de ser mãe. Esmurro a cama com força, mas isso não faz eu me sentir melhor. Tento os travesseiros, e isso também não ajuda. Atiro o livro longe e, então, me sinto boba, por perceber que estou tendo um ataque de birra, como se tivesse 3 anos de idade.

Ouço uma batida e Gwen espia pela porta. Suponho que voltaram.

– Kate, você está bem?

Atiro um travesseiro nela e grito:

– Como se você se importasse!

Ela se esquiva, bate a porta e grita:

– Ótimo! Se é assim que você quer! – e sai pelo corredor batendo o pé.

Uma hora mais tarde, estou progredindo na leitura, quando ouço os passos de papai aproximando-se de minha porta.

– Kate? – ele diz com voz calma. – Posso entrar?

Não respondo, não consigo responder por causa do nó na garganta.

– Kate? – ele repete. A porta se abre devagar e ele entra no quarto. – Ei, querida – papai pega a caixa de lenços de papel em cima da mesa, antes de se sentar na beira da cama. – Sua mãe me contou o que aconteceu.

Dou uma fungada, ainda sem conseguir falar.

– Você devia ter nos contado, meu bem. Não devia ter mentido sobre aonde iam nem sobre o que estavam fazendo – ele põe a mão no meu joelho. – Você *podia* ter nos contado.

Cruzo os braços na frente do corpo.

– Eu não podia contar para *ela*. Ela teria me dito que eu era uma boba, que eu estava imaginando coisas e inventando tudo aquilo.

– Kate, sua mãe está passando por uma fase difícil, mas ela jamais teria dito que você é boba. Ela ama você, mesmo que ultimamente não esteja demonstrando.

– Sei, bem, é difícil acreditar nisso. De qualquer forma, eu contei e agora ela nem fala comigo.

Papai olha um momento pela janela.

– Sabe, Kate, todos sabemos que nossos pais vão morrer um dia. Mas nunca esperamos que vá acontecer do jeito que foi com a vovó. Sua mãe não estava preparada para isso. Nenhum de nós estava. Sei que é difícil, Kate, e gostaria que você não precisasse passar por tudo isso. Mas precisa ter paciência com sua mãe. Ela vai superar. Ela vai... E vai voltar a ser a mãe que sempre foi. Tenha paciência, está bem? – ele aperta minha mão.

– Enquanto isso, vou procurar melhorar as coisas – papai continua. – Eu devia ficar mais em casa. Vou tentar trabalhar menos para estar aqui com você e seus irmãos. Está bem? Isso ajuda? – choramingo e aceno com a cabeça. – Está bem. Agora precisamos conversar sobre o fato de você ter mentido para nós – ele põe o dedo sob o meu queixo, forçando-me a olhá-lo nos olhos. – Sua mãe e eu ficamos muito magoados com isso. Concordamos que é preciso haver uma consequência, por isso você está de castigo por uma semana – diz isso com doçura, e sei que ele não está zangado.

Uma semana é bem pouco; encolho os ombros e aceno com a cabeça, então abaixo os olhos novamente, sentindo-me pouco à vontade para encará-lo. Meu estômago ronca e papai dá uma risadinha.

– Perdeu o jantar, não é? – sorrio e aceno novamente com a cabeça. – Bem, vamos fazer alguma coisa a respeito disso – ele se levanta e me estende a mão. Ponho a mão na sua e ele me puxa da cama e me dá um grande abraço. Sinto-me bem e, finalmente, relaxo um pouco. Ele está certo. Tudo vai ficar bem.

Papai me faz um sanduíche, enquanto chupo uva e lhe conto tudo o que aconteceu com a conta do rosário. Relato para ele tudo aquilo que não tive chance de falar para a mamãe e tia Susan – o acidente de carro de Emma. Conto também que Evelyn e eu temos esperança de achar o restante das contas e que Chelsea e Emma vão nos ajudar.

– Sabe, Kate, acho que é uma grande ideia. Vou lhe dizer uma coisa – ele larga a faca que estava usando para passar maionese. – Decidam o que vocês querem que seja escrito no cartaz e eu pedirei a um dos produtores gráficos no escritório para dar uma aprimorada – ele dá os toques finais no sanduíche e me passa o prato. – Melhor ainda, se quiser, pode ir ao escritório e dizer a eles exatamente como quer o cartaz, daí eles podem mostrar como trabalham. O que acha?

– Sério?! – quase engasgo com a primeira mordida no sanduíche. – Isso seria fabuloso, papai! Quando? Um produtor gráfico da empresa de web design vai saber criar um cartaz muito melhor do que eu.

– Bem, você *está de castigo*, assim, vamos precisar esperar até o castigo acabar. Os prazos de alguns clientes importantes terminam na semana que vem, mas creio que isso estará resolvido na quinta-feira. Por que você não planeja ir lá sexta-feira, depois das aulas? Vou ver se sua mãe pode lhe dar uma carona.

Está bem, isso é um balde de água fria, mas ainda estou bastante entusiasmada. Começo a tagarelar sobre o que acho que deve ser colocado no cartaz, e papai me diz para fazer pelo computador e mandar-lhe por e-mail, assim que eu tiver concluído. Termino meu sanduíche, então ligo para Evelyn, a fim de consultá-la sobre o cartaz.

— Kate! Você está bem? Sua mãe ficou *louca da vida!*

— Sim. Ela me mandou para o quarto e não falou mais comigo. E com vocês, como foi?

— Dylan e eu estamos de castigo por uma semana. E você?

— A mesma coisa. Mas escute isto! Meu pai vai pedir a um dos produtores gráficos do escritório para nos ajudar com o cartaz!

— Sério? — Evelyn grita. — Caramba! Que legal!

— Sim! Ele vai verificar a agenda, mas acha que posso ir na sexta-feira que vem, depois da aula. Então, agora só precisamos planejar o que vamos escrever. Você me ajuda?

Vou ao andar de baixo, para usar o computador, enquanto começamos a bolar ideias luminosas para o cartaz. Por fim, tínhamos o texto:

CONTAS DE ROSÁRIO PERDIDAS
Muito especiais para família que perdeu um ente querido
no acidente de avião em Danville.
Cada uma das contas é de prata,
com letras e uma cruz gravadas.
Também procuramos o crucifixo e o medalhão do rosário.

Acrescento meu e-mail e número de telefone no final e envio para o e-mail do escritório de papai, com um gesto de satisfação.

Quando terminamos, Evelyn conta mais novidades.

– Minha mãe ligou para tia Liz. Ela estava no aeroporto em Chicago, voltando para Denver. Mamãe contou a ela que achamos a conta. Ela ficou realmente entusiasmada, mas não quer que a mandemos pelo correio, com receio de que aconteça alguma coisa e a conta se perca. Ela quer que você a guarde até ela vir para a Páscoa, no mês que vem.

– Está bem – digo, acenando com a cabeça.

Evelyn continua:

– Minha mãe também ligou para tio Joseph. Queria saber o que ele achava da descoberta das contas, por ser padre, sabe?

– Sim, suponho que isso faça sentido. O que ele disse?

– Bem, talvez fosse melhor você mesma conversar com ele, mas mamãe disse alguma coisa sobre ele estar com medo de que pensemos que as contas são *mágicas* ou algo assim. Ele disse que as contas não possuem nenhum poder próprio. Disse que vovó estava sempre próxima de Maria Santíssima e que talvez ambas estejam rezando por quem esteja com a conta. Ele diz ser daí que vem o poder, da oração, porque Deus sempre escuta. Acho que faz sentido, não faz?

Não tenho certeza se realmente *faz* sentido, mas finjo que entendo, de alguma forma. Desligamos e vou para o meu quarto. Sento-me à mesa, tiro a corrente do pescoço, e fico, por alguns momentos, girando as duas contas na palma da mão.

– Vovó? – digo baixinho. – Não sei se você pode me ouvir, mas sei que sinto sua falta. Gostaria que você estivesse aqui – faço uma pausa. – Você está rezando com Maria? Vocês duas salvaram Emma naquele acidente de carro? – faço outra pausa, como se esperasse que ela respondesse. – Vovó, você me levou até a conta? *Por quê?* – tantas perguntas. – Você vai nos ajudar a achar as outras contas? – olho para o teto, como se a pudesse ver ali. – Por favor, ajude-nos a encontrá-las – finalmente sussurro: – E vovó, por favor, ajude a mamãe. Ela está precisando.

Fico ali sentada pensando um pouco e me ocorre que não é justo eu ficar com as duas contas. Evelyn também está nisto e ela deve ficar com uma das contas, ao menos até termos de entregá-la a tia Liz. Além disso, duas das três iniciais combinam com as de Evelyn. Vasculho minha caixa de joias, acho outra corrente e coloco nela a conta de tia Liz. Ponho a corrente em um bolso da minha mochila, decidida a entregá-la a Evelyn no dia seguinte.

O dia amanhece chuvoso e mais frio que no dia anterior. Perdi a hora, por isso desisto da ducha e me conformo em escovar os dentes, jogar uma água no rosto e puxar o cabelo para trás, em um rabo de cavalo. Visto a camiseta e a saia caqui do uniforme, agradecida, ao menos uma vez na vida, por não ter de me preocupar com o que vestir.

Arranco um moletom da prateleira de cima do armário, vestindo-o enquanto desço correndo as escadas. Seguro a mochila acima da cabeça, enquanto corro para o carro, onde mamãe, Paul e Gwen já estão esperando. Mamãe não diz uma palavra, silenciosamente engata a ré e depois segue em frente, deixando claro que ainda está zangada comigo.

Deixamos Paul e Gwen na escola deles primeiro e mamãe continua calada, enquanto seguimos para minha escola. Quando a chuva aumenta, seu barulho ensurdecedor enche o carro e torna o silêncio menos constrangedor. Eu me pergunto se Evelyn conseguiu uma carona com Dylan ou se está indo a pé no meio da chuvarada.

Tenho minha resposta quando vou até meu armário e vejo Evelyn, ensopada até os ossos, apesar do guarda-chuva que está fechando. Tia Susan é bem legal, mas se apega à regra: "Eu ia a pé para a escola, então vocês também podem ir". São só alguns quarteirões, mas esses poucos quarteirões são bem difíceis em meio a uma chuva torrencial.

Evelyn ergue os olhos do guarda-chuva, que agora está pingando no armário dela, e vê que a estou observando. Afasta o cabelo molhado do rosto e bufa um pouco. Evidentemente, este não é um de seus melhores dias. Sem dizer uma palavra, tiro o moletom e o dou a ela. Ao menos ela vestirá uma peça de roupa seca. Então, lembro-me da corrente guardado na mochila.

Evelyn me dá um sorriso agradecido e veste depressa o moletom, depois esfrega os braços para esquentá-los através do tecido. Tiro da corrente do bolso da mochila e estendo-a para ela na palma da mão.

– Para você. Ao menos até que a entreguemos para tia Liz – digo. – E achemos a sua – sorrio, satisfeita comigo mesma.

– Mesmo? – seu sorriso aumenta. – É engraçado. Eu nem tinha pensado no fato de podermos achar a *minha* conta. Acho que podemos, não é mesmo?

– Com certeza, vamos tentar – digo. Percebemos que estamos atrasadas para a aula, quando ouvimos tocar o sinal. – Precisamos ir! – digo. Pegamos nossos livros e corremos.

Os dias passam lentamente enquanto espero a sexta-feira, quando finalmente irei ao escritório de papai para trabalhar no cartaz.

Telefono para Chelsea na terça-feira e lhe dou a notícia do cartaz e consulto-a a respeito de pôr um anúncio no jornal. Ela diz que há um jornal semanal local e que talvez dê certo. Ligo para eles na quarta-feira, mas o prazo final já passou, e o mais cedo que podem publicar o anúncio é na sexta-feira seguinte. Evelyn e tia Susan têm a ideia de pôr alguma coisa na *Craigslist* – uma rede de comunidades online que disponibiliza anúncios gratuitos aos usuários. Eles aceitam e publicam, mas sem nenhum resultado imediato.

Chega finalmente a sexta-feira e, depois das aulas, mamãe me leva diretamente ao escritório de papai. Ela mal falou comigo desde a última segunda-feira, aliás, com qualquer outra pessoa. Não consigo acreditar que ela não queira saber o resto da história da conta de Emma, mas talvez papai tenha lhe contado. Vejo-me desejando, mais uma vez, ter minha antiga mãe de volta.

Mamãe costumava ser ótima, interessada no que fazíamos, mas sem se envolver *demais*; pronta para escutar meus problemas e dar conselhos, mas sem me obrigar a aceitar suas ideias. Costumávamos ter a noite de jogos em família, a noite do cinema em família, caminhadas em família e jantares em família, mas isso tudo praticamente acabou desde que vovó morreu há um ano.

Mamãe me deixa na porta e vou até a recepcionista, sentindo-me um pouco envergonhada. Ela avisa papai de que cheguei, e ele sai de sua sala para me receber.

— Como foi seu dia, querida? — ele pergunta, depois de me abraçar.

— Bom, eu acho. Fui bem na prova de francês.

— Tenho certeza que foi. Você sempre vai bem na escola. Sua mãe e eu temos orgulho de você.

Arrasto os pés e olho fixamente para os sapatos.

— Venha, quero apresentá-la a Natalie — ele põe o braço ao redor de meus ombros e me conduz para a área de produção gráfica, cheia de escrivaninhas desarrumadas e pessoas com cara de artista. Ao nos aproximarmos, uma mulher com óculos estilo gatinho e cabelos ruivos encaracolados, que fazem de tudo para escapar de um coque desarrumado, ergue os olhos e me sorri amigavelmente. Levanta-se e aperta minha mão.

— Oi, você deve ser Katelyn. Sou Natalie.

– Oi! – respondo, olhando para nossas mãos unidas. Então, lembrando-me de minhas boas maneiras, olho-a nos olhos e digo: – É um prazer conhecê-la.

– O prazer é meu – Natalie responde com um sorriso. – Este parece ser um projeto bem legal.

Papai deixa-nos a sós. Natalie puxa outra cadeira e, com gestos, indica que eu me sente, enquanto pega o cartaz que rascunhei pelo telefone com Evelyn. Olho ao redor do compartimento e noto um crucifixo pendurado à esquerda da grande tela especial de computador. Pendurada perto, há uma cópia da oração de São Francisco que aprendi no jardim de infância, aquela que sempre cantamos na missa: *fazei de mim um instrumento de vossa paz.*

Os modos afáveis e o sorriso simpático de Natalie já tinham me deixado à vontade, mas, ao ver o crucifixo e a oração, respiro fundo, percebendo que estou com alguém que entende. Penso como foi legal que papai me pusesse em contato com ela, ainda que ele não seja católico, e como é engraçado que me sinta tão feliz ao ver esses símbolos, quando, na verdade, antes eles nunca significaram muito para mim.

– Muito bem – Natalie diz, abrindo um arquivo no computador. – Primeiro, quero lhe dizer que lamento por sua avó. Também perdi a minha o ano passado e sei como é difícil – engulo as lágrimas, como sempre comovida pelas palavras bondosas dos outros. – Mas – ela continua – parece que sua avó era uma pessoa especial, que acreditava realmente no poder da oração. Sinto-me honrada em poder ajudá-la a achar o que procura. Então, vamos dar uma olhada neste cartaz.

Ela passa a hora seguinte montando um fundo, mudando estilos e tamanhos de fontes e acrescentando elementos decorativos. Tiramos fotos de minha conta e as transferimos para o computador, escolhendo duas para acrescentar ao cartaz. No final, temos um cartaz atraente que fará as pessoas pararem e olharem para ele.

Por fim, Natalie me deixa chocada ao dizer:

– Ótimo. Acho que conseguimos. Agora, a última coisa e a mais importante é rezarmos – inclina a cabeça, junta as mãos e faz o sinal da cruz. – Pai celeste, obrigada por conceder a Katelyn a graça de descobrir as contas do rosário de sua avó. Cremos que estas contas são sinais de tua presença e bondade. Se for de tua vontade, Senhor, pedimos que abençoes a missão de Katelyn. Pedimos que atraias as pessoas para lerem e prestarem atenção a este cartaz, em especial as pessoas que acharam alguma das contas que faltam. Mãe Santíssima, sabemos que rezar o rosário é uma grande arma na luta para conquistar almas para teu Filho, Jesus Cristo. Este rosário é só algo material, mas ele nos lembra da avó de Katelyn e de suas preces amorosas pela família. Se te aprouver, ajuda Katelyn e sua família não só a achar as contas, mas também a encontrar a cura e a paz, em razão da perda sofrida. Nós te pedimos isto em nome do Pai, e do Filho e do Espírito Santo. Amém. São Domingos, a quem o rosário foi dado, roga por nós. Santo Antônio, que encontra coisas perdidas, roga por nós.

Faço o sinal da cruz com Natalie e sento-me um momento, sem fala, mas esperançosa. Muito mais esperançosa do que eu estava *antes* daquela oração, quando, para ser sincera comigo mesma, me sentia como se procurasse uma agulha no palheiro. Agora, parece que temos mais que apenas eu e Evelyn do nosso lado.

No caminho de casa, papai se oferece para levar nós duas a Danville no começo da semana e pregar os cartazes. Estou prestes a explodir de entusiasmo, quando papai recebe uma mensagem de texto de mamãe: "Vou fazer compras. Paul vai dormir na casa de Ryan, Gwen na de Sophie. Pizza no congelador".

Papai dá um tapinha em meu joelho e pergunta:

– Que tal um filme com pipoca? Você escolhe o filme – olha para mim com ar esperançoso e percebo que provavelmente ele sente tanta falta da mamãe de antes quanto eu. Minhas amigas e eu tínhamos conversado sobre ir ao cinema, mas é um filme que já vi, por isso, não será uma grande perda ficar em casa com papai. Paramos em um supermercado, papai pega pipoca de micro-ondas, para o caso de não termos em casa, e uma garrafa de dois litros de refrigerante – um prazer especial, pois mamãe não mantém refrigerantes em casa.

Mamãe chega em casa, enquanto estamos enrolados cada um em uma ponta do sofá, com a pizza devorada e a tigela de pipoca entre nós. A risada que compartilhamos em reação a uma cena engraçada do filme é interrompida bruscamente quando ouvimos a porta dos fundos se abrir. Olho papai de relance, mas seus olhos estão grudados na TV. Quando ele tenta emitir um sorriso agradável, fica claro que não tem certeza do que deduzir da atitude seca de mamãe.

Mamãe nem mesmo diz olá, só para um instante ao passar pela sala de estar.

– Comprei um livro novo. Vou ler lá em cima – diz em tom categórico e desaparece pela escada.

Olho de novo para papai. Os lábios formam uma linha austera no rosto e o queixo está duro. Continuamos a assistir ao filme por mais alguns minutos, mas agora não há mais risada. Nós dois estamos perdidos em pensamentos.

Penso na mulher que minha mãe costumava ser, alguém que jamais teria deixado uma noite de sexta-feira escapar, mas que teria planejado o filme e também uma festa de "faça você mesmo sua pizza" e um concurso de "pegue a pipoca com a boca". Meus olhos se enchem de lágrimas enquanto, distraída, jogo uma pipoca para a cadela, e mal esboço um sorriso quando ela pula com agilidade para pegá-la.

Escorrego do sofá para o chão e abro os braços para Amber. Ela vem de bom grado, e a cadela de quase quarenta quilos acaba no meu colo – seu lugar favorito. Escondo o rosto no pelo loiro macio de seu pescoço, desejando que tudo isto simplesmente desapareça. Se as contas do rosário de vovó vão afastar mamãe de nós ainda mais, preferia não tê-las encontrado. Começo a pensar que talvez deva simplesmente parar a busca.

Papai levanta-se sem fazer barulho, aperta meu ombro e sobe as escadas. Ouço a porta do quarto deles abrir-se e fechar-se e, depois de alguns minutos, ouço vozes exaltadas. Agarro o controle remoto, aumento o som do filme e olho fixamente para a tela da TV. Tento me concentrar, forçar-me a rir nas partes engraçadas, mas o máximo que consigo é um sorriso que mais parece uma careta. Finalmente, as coisas se tranquilizam lá em cima, então desligo a TV e vou para a cama, desejando que o sono proporcione alívio para minhas emoções e que o amanhecer traga um dia melhor.

Estou de pé em um campo recentemente plantado. Minúsculas mudas de um verde brilhante estendem-se diante de mim em todas as direções. Olho para a esquerda e vejo duas pessoas de pé a distância. Começo a caminhar em direção a elas, tomando cuidado para não esmagar as plantinhas sob meus pés. De repente, as belas e benfeitas fileiras de mudas desaparecem e o chão fica coberto por plantas que crescem rapidamente, enrolando-se em torno de meus pés enquanto caminho, tentando impedir-me de andar. Olho em direção às duas mulheres e percebo que uma delas é vovó, que acena para mim. Cada passo é um esforço, enquanto

solto os pés das plantas gananciosas, que agora tentam subir pelas minhas pernas como trepadeiras.

De repente, estou de pé à beira de um lago e vovó e a outra mulher estão do outro lado. Vovó faz sinal para que eu siga em frente. Mergulho na água e me debato. Quando minha cabeça atinge a superfície, percebo que o lago não é mais de água, mas um mar de contas de rosário. Descubro que estou flutuando sobre elas, que me impelem para o outro lado. Em pouco tempo, sou arrastada para a praia por uma onda de contas – verdes, azuis, cor-de-rosa, prateadas – de todas as cores imagináveis. Olho para trás e vejo que o lago já não é pequeno, mas é agora um vasto mar de contas que brilham e refletem a luz do sol e se estendem para o horizonte, até onde os olhos veem. Volto-me para vovó, querendo abraçá-la, mas, por alguma razão, meus pés não se movem. Vejo que ela segura seu rosário e me sorri bondosamente. A outra mão segura a da mulher de pé a seu lado. A mulher é linda, vestida de um manto azul, com um rosto que expressa amor e olhos que transmitem paz. A mão que não segura a de minha avó também tem um rosário. As duas mulheres olham para o alto e começam a rezar o Pai-Nosso; seus rostos estão extasiados. Percebo que também seguro um rosário e ele é exatamente como o de vovó. Abro a boca para rezar com elas, querendo compartilhar seu êxtase, mas as palavras não saem. Olho para vovó querendo pedir-lhe ajuda. Ela sorri, olha-me nos olhos e diz: "Vai acontecer, Kate. Vai acontecer".

Acordo sobressaltada e percebo que estou segurando a primeira conta do rosário encontrada. O relógio mostra que são duas e meia e fico acordada, tentando lembrar-me de cada detalhe do sonho. Quarenta e cinco minutos depois, finalmente volto a dormir. Sinto uma paz e uma calma que há muito tempo não sentia. Sei o que devo fazer. Devo continuar a procurar as contas restantes.

Capítulo sete

Terça-feira, papai pega Evelyn e eu na escola e vamos para Danville colar os cartazes. Infelizmente, Gwen e Paul também quiseram vir, por isso o carro está cheio e barulhento, enquanto Gwen tagarela sobre cada detalhezinho de seu dia. Estamos com o horário apertado – Evelyn e Gwen têm treino de softbol e Paul de beisebol – e fico grata quando papai sugere que façamos o dever de casa no carro. Papai liga seu celular no adaptador de áudio do carro e pede que eu selecione a playlist de música clássica. Gwen finalmente fica quieta, enquanto o carro se enche dos acordes tranquilizantes de uma peça orquestral centenária.

A viagem passa depressa, cada um de nós concentrado no dever de casa, e ainda tenho mais toneladas para fazer quando paramos em frente ao Mayberry Cafe. Encontramos Chelsea e Emma lá dentro e decidimos dividir-nos em grupos para distribuir os cartazes. Emma e Chelsea vão até a mercearia e também visitarão algumas outras lojas e restaurantes enquanto estiverem por lá. Evelyn, Gwen e eu vamos tentar as lojas do lado norte da rua, papai e Paul vão cuidar do lado sul.

O "centro" de Danville não é nada sensacional, por isso percorremos bem depressa as poucas lojas, a padaria e a alfaiataria. Também colamos alguns cartazes nos postes de luz ao longo da rua. Depois de fazer isso, reunimo-nos novamente e concordamos em dar uma volta de carro pela cidade, em busca de outros possíveis lugares públicos onde talvez possamos colar os cartazes. Achamos a biblioteca e o centro histórico, mas ainda nos restam muitos cartazes. Por fim, decidimos ir para perto do campo onde o avião caiu e deixar cartazes nas caixas de correio das casas da área.

De um jeito ou de outro, isso tem de resultar em algumas contas. Agora o jeito é esperar.

Durante os dois primeiros dias, tive dificuldade em me afastar do telefone, pois tinha esperança de que alguém telefonasse. Assim que chegava da escola, a primeira coisa que fazia era checar se havia recados na secretária eletrônica e, então, pular para o computador para checar os e-mails.

Já é sexta-feira e até agora nada. Evelyn e eu ficamos em minha casa, jogando bilhar no porão, com o telefone sem fio a alguns centímetros de distância em uma mesinha lateral. Estou preparando uma tacada, que tenho certeza de que será a mais estupenda *jamais* vista, quando o telefone toca. Dou um pulo de surpresa e esbarro na bola branca, o que faz com que ela role até a bola 11 de Evelyn, que desliza pela mesa, direto na caçapa. Ótimo.

Engraçado, a semana toda esperei o telefone tocar e agora, quando finalmente acontece, fico olhando fixamente para ele como se fosse um alienígena ou talvez uma cobra venenosa. Por fim, Evelyn vai até a mesa, pega o telefone e entoa:

– Residência dos Roberts! – ela arregala os olhos: – Katelyn? Sim! Ela está aqui! Só um momento! – ela tapa a abertura por onde entra o som e dá um grito estridente: – É para você! Acha que poderia ser...?

– Não sei! – nervosa, eu a interrompo. Arranco o telefone das mãos dela. – Alô? – digo em uma voz baixa que não parece a minha.

– Oi, Katelyn! É Natalie, do escritório de seu pai! – encurvo os ombros, desapontada. Natalie continua: – Estou ligando só para saber se você já obteve alguma resposta dos cartazes que colou.

– Não – digo, o desapontamento transparecendo na minha voz. – Nós os colamos terça-feira e ainda não recebemos nem uma única ligação.

– Hum! Bem, vejamos. O que mais podemos fazer? – imagino Natalie tamborilando os dedos no queixo, como fez várias vezes enquanto produzíamos o cartaz. Então, depois de um momento de silêncio constrangedor, ela diz: – Você rezou?

– O quê? – estou um pouco espantada. Isso é o melhor que ela pode fazer? – Hum, não, não, desde que rezei com você na sexta-feira.

– Então vamos fazer o seguinte: você reza aí e eu também rezo aqui, e veremos se isso dá algum resultado. Está bem?

– Certo. Combinado – claro, com certeza. – Obrigada.

– Sem problema. Logo nos falamos, está bem? Ligue para mim se souber de alguma coisa.

Asseguro-lhe que ligarei e reviro os olhos, enquanto desligo. Viro-me para Evelyn.

– Era Natalie. É a funcionária do escritório de papai que produziu o cartaz. Sua brilhante sugestão é que devemos rezar – pego meu taco e espero Evelyn retomar o jogo, mas ela simplesmente se apoia no taco e me olha surpreendida.

– Que foi? – pergunto, um pouco irritada.

– Não acredito que não pensei nisso antes. Que idiota!

– Ev, você não pode estar falando sério. Está bem, ótimo. Querido Deus, por favor, ajudai-nos a achar uma conta. Amém – faço rapidamente o sinal da cruz e volto para a mesa de bilhar.

— Vamos, Kate! Você não pode estar *tão* entediada. Acho que um pouco de respeito seria bom para começar. "Querido Deus" – ela arremeda com voz cômica, deixando claro o que acha de minha oraçãozinha. – *Estamos* procurando as contas do *rosário*. Então, será que não seria bom rezar uma Ave-Maria?

— Claro – desta vez começo com o sinal da cruz, exagerando os gestos e dizendo as palavras devagar. Então junto as mãos, olho para o alto e rezo a Ave-Maria. E, desta vez, alguma coisa acontece. Meu sonho volta rapidamente a minha mente e vejo vividamente vovó e a outra mulher rezando o rosário. Dou um passo para trás, bato as pernas em uma cadeira e me afundo contra seu grosso braço estofado. Ergo a mão para sentir a conta que pende de meu pescoço.

— Que foi? Que aconteceu? – Evelyn pergunta ansiosa.

— Eu... eu tive um sonho. Vovó e uma... uma mulher estavam rezando o rosário – e passo a lhe contar o sonho: o campo, as trepadeiras tentando segurar-me, o lago que se transformou em contas e vovó... e a mulher... e a oração. – E então vovó disse: "Vai acontecer, Kate. Vai acontecer" – dou um suspiro e termino a história.

Não sei por que não tinha contado isso antes a Evelyn. Vai ver que achei muito pessoal e esquisito, um sonho bobo que, à luz brilhante do dia, talvez não significasse realmente nada.

— Kate! Às vezes, você é *tão* lenta! Não percebe quem era *a mulher?*

Lanço um olhar mordaz em direção a Evelyn.

— Sim, Evelyn. Percebo. Era Maria. – Mas, para ser sincera, até agora não tinha realmente admitido isso para mim mesma.

Evelyn dá um grito estridente e agarra meus braços, puxando-me do braço da cadeira.

— Kate, você teve uma *visão!* Você teve uma visão *da Mãe Santíssima!* – ela diz estas últimas palavras devagar, me sacudindo.

— Vamos, Ev. Não exagere. Foi um *sonho*. *Sonho* e *visão* são duas coisas diferentes. Eu estava *dormindo*.

— Certo, certo, certo. Que seja. Você viu Maria. Ela lhe apareceu em um sonho. Quer dizer, é sério! Tudo isso tem de significar alguma coisa. As plantas enroladas em torno de seus pés? Talvez isso seja como... tudo que tenta impedi-la de fazer isso! E as contas, e elas rezando o rosário? Eu não sei! Talvez as contas no oceano sejam um símbolo de todos os rosários que já foram rezados ou algo parecido. E vovó e a Mãe Santíssima estavam *mostrando* a você o que fazer! Estavam *dizendo* para você rezar o rosário!

Deixo por conta de Evelyn, que sempre tira nota A+ em literatura, exagerar na interpretação de meu sonho.

— Ev, foi só um sonho. Ao que tudo indica, era o meu subconsciente avaliando tudo que está acontecendo. Quer dizer, ultimamente tenho pensado demais em rosários e na vovó, e Maria sempre está associada ao rosário, não é mesmo? Isso não *significa* nada, mas me fez querer continuar a procurar, quando eu estava prestes a desistir.

Então Ev pega minha mão e me puxa em direção à escada e pergunta:

— Onde está o seu rosário?

— Nossa! Não sei. Guardei em algum lugar depois da Primeira Eucaristia. Faz muito tempo.

— Você não reza o rosário desde a Primeira Eucaristia, *há oito anos?* Está brincando!

Evelyn, como você deve ter notado, não compartilha de minhas dúvidas quanto à religião. Quero dizer, ela não é nenhuma santa, mas, é bem ligada nessas coisas da Igreja Católica. Assim, arrasta-me para cima e vai para a cozinha, onde largamos as mochilas quando chegamos em casa. Ela mexe em sua mochila e, depois de alguns momentos, tira seu rosário com um gesto cerimonioso. Então, vai para meu quarto e começa a revirar as gavetas, à procura de meu rosário há muito negligenciado, mas não obtém sucesso.

Então me lembro. Vou até o armário e tiro a caixa de lembranças da prateleira de cima. Abro a tampa e vejo uma bolsinha de seda verde em meio a cartões, broches e flores secas. Ergo-a para Evelyn ver, sentindo-me um pouco presunçosa.

Abro a bolsinha e tiro o rosário, olhando para o crucifixo e as contas um pouco curiosa. Vovó me deu na minha Primeira Eucaristia. Já rezei realmente com estas contas? Acho que não.

Bem, acho que há uma primeira vez para tudo.

Ainda cética, sento-me no chão com as pernas cruzadas e encostada na cama. Evelyn olha em redor, como se faltasse alguma coisa. Então, sai do quarto e volta com a vela do banheiro e uma caixa de fósforos. Não consigo deixar de revirar os olhos. Ela finge não me ver, embora eu tenha certeza de que viu. Evelyn põe a vela sobre o criado-mudo e ajoelha-se ao lado da cama, com o rosário na mão. Olha para mim, que estou ali sentada no chão, e pigarreia. Relutante, apoio-me nos joelhos e me viro, ajoelhando-me ao seu lado.

Evelyn conduz e eu acompanho, atrapalhando-me em algumas das orações. Quinze minutos depois terminamos, mas ambas continuamos ajoelhadas em silêncio. Sinto-me calma e serena, sem aquela preocupação a respeito de quando alguém vai telefonar ou se, afinal, alguém vai telefonar. Saboreio essa sensação durante alguns minutos, antes de voltar a sentar-me no chão. Evelyn segue-me e sentamos como duas amigas, encostadas na cama.

Finalmente rompo o silêncio.

– Uau! Isso foi bem impressionante.

– O quê? – Evelyn pergunta, surpresa.

– Você. Você sabe o rosário inteiro. Até os mistérios e coisas assim.

Evelyn parece pouco à vontade.

– Sim, bem – ela encolhe os ombros. – Minha família reza o rosário todo domingo. Então eu já ouvi um milhão de vezes.

– Sério? – olho-a de relance, como se ela pudesse mentir sobre uma coisa dessas. – Hum! Suponho que isso seja legal – imagino como minha família poderia ser diferente, se rezássemos o rosário todo domingo.

Evelyn também reflete um momento, então diz:

– Sim, eu detestava isso, mas agora, depois que fiquei mais velha, passei a gostar. Principalmente depois que vovó morreu... Isso me ajudou a lidar com a perda dela, sabe? – encolhe os ombros e continua: – Nós compartilhamos nossas intenções antes de começar, e é bom ter todos rezando juntos desse jeito.

Continuamos sentadas em silêncio, até que somos sacudidas pelo toque do telefone. Ambas levantamos de um salto.

Desta vez não hesito. O identificador de chamada mostra: *Danville, IN*. Parece que meu coração vai saltar pela boca, enquanto pego o telefone sem fio e o pressiono contra o ouvido.

– Alô? – tento ver o telefone encostado no meu queixo, como se pudesse visualizar quem está me telefonando.

– Alô. Katelyn está? – um homem pergunta com voz jovial, contendo o ligeiro som nasal da zona rural de Indiana.

Pulo para cima e para baixo e agarro a mão de Evelyn.

– Sim, aqui é Kate.

– Ah, ótimo. Bem, meu nome é Roger Billings. Sou o dono do campo onde ocorreu aquele acidente de avião. Estive na mercearia hoje e vi seu cartaz. Na verdade, também encontrei um na caixa do correio, mas acho que o perdi. De qualquer modo, acho que encontrei algumas das contas que você procura. De prata e com três letras gravadas nelas?

– Sim, isso mesmo.

– Sim, encontrei-as, com certeza, em vários pontos do campo. Não sei como os investigadores não as viram, mas foi isso que aconteceu. Imaginei que elas não teriam serventia para eles, por isso as dei para minha neta. Ela é pequena, tem quatro anos e adora tudo que seja brilhante ou faiscante, então achei que iria gostar delas. Além do mais, uma das contas tinha suas iniciais. H.L.L., de Hannah Lynn Layton. Achei isso muito especial.

– Hum! – digo com um riso surpreendido. Outra conta encontrada, outra pessoa com iniciais que combinam. Só que não consigo pensar em ninguém de minha família que tenha as iniciais H.L.L. Franzo as sobrancelhas em concentração e Evelyn tenta descobrir o que está acontecendo. Pego um pedaço de papel e anoto "H.L.L.?", e olho ansiosamente para minha prima. Evelyn franze os lábios, reflete um momento e, então, dá um pulinho e junta os braços, como se segurasse um bebê.

É isso! É um dos bebês que vovó perdeu.

O sr. Roger Billings continuou a falar e não prestei atenção em nada do que ele disse. Volto a ouvir o que ele diz, tentando pegar o que perdi, mas não tenho sorte.

– Então é isso. É tudo que sei – ele conclui a conversa.

– Hum, então, sr. Billings, seria possível pegarmos de volta as contas que estão com Hannah?

– Bem, querida, como eu disse, eles moram na Flórida, por isso é mais fácil dizer do que fazer. E, bem, tenho de lhe contar, minha filha... bem, parece que ela acha que as contas têm uma espécie de, bem... – ele ri, parecendo um pouco embaraçado. Mas sei o que está por vir. – Isso vai parecer loucura, mas ela acha que têm uma espécie de poder.

Parece que meus olhos vão saltar das órbitas.

– Sr. Billings, posso ir conversar com o senhor? Eu realmente gostaria de ouvir mais a respeito disso. Só tenho de ver se meu pai pode levar a mim e a minha prima. Se ele puder, seria possível nos encontrarmos amanhã?

Quando terminamos a conversa e desligo o telefone, percebo que as contas de meu rosário ainda estão enroladas em minha mão. Olho para elas admirada. Foi apenas coincidência ou nossa oração realmente *funcionou?* Evelyn e eu nos encaramos. Pela expressão de seu rosto, sei que ela acredita que o telefonema foi resultado direto de nossa oração.

Será que ela está certa?

Capítulo oito

Na manhã seguinte, papai insiste que eu dirija. Tenho a autorização provisória há quase um ano e devo fazer o exame em agosto para obter a carteira de motorista. A autorização provisória me permite dirigir, desde que um de meus pais esteja no banco do passageiro. Eu costumava guiar o tempo todo, mas, então, tive um pequeno incidente com um carro em sentido contrário e não dirigi mais. Hoje, entretanto, papai diz que tenho de "voltar a montar o cavalo", seja o que for que isso signifique, e que o único jeito de irmos até Danville é se eu guiar.

Escorrego para trás da direção, cheia de ansiedade. Meu coração bate tão forte e depressa, que tenho certeza que papai o escuta, e as palmas das minhas mãos estão suadas na direção. Sei que minhas freadas e partidas são abruptas, enquanto nos dirigimos à casa de Evelyn, mas papai não diz nada. Quando vê que estou dirigindo, Evelyn surpreende-se, mas não diz nada, enquanto se senta no banco de trás.

Por fim, começo a superar meu nervosismo enquanto descemos a rua. O tráfego não está ruim nesta manhã de sábado e os sinais estão sincronizados, de modo que sigo em uma velocidade bem constante. A primavera chegou finalmente e vamos com as janelas abertas, deixando o vento despentear nossos cabelos. O ar fresco está delicioso e respiro fundo, aguardando o verão e tudo o que ele tem a oferecer. Uma das bandas favoritas de papai, Led Zeppelin, está tocando no rádio. Ele inclina a cabeça para trás, cantarolando baixinho com os olhos fechados. Papai se descontrai mais, à medida que avançamos, e fico pensando se ele está mais à vontade com meu modo de dirigir ou só aliviado por ficar longe de mamãe.

A semana foi tensa em casa e, quanto a mim, estou realmente contente por ter uma desculpa para me afastar. Ela nem tenta mais fingir que está tudo bem e, às vezes, sinto que está prestes a se desfazer em pedacinhos. Não estou satisfeita com essa mãe que deveria ser envolta em plástico e rotulada com um adesivo em letras garrafais: "FRÁGIL: manuseie com cuidado".

Procuro não pensar nela enquanto atravessamos Danville e, então, seguimos por estradas rurais em direção à casa de Roger Billings. Papai deixa o aplicativo de trânsito do celular nos guiar, mas repete cada orientação dada pela voz computadorizada. Finalmente viro com cuidado em uma entrada de cascalho. As pedras rangem sob os pneus e batem no assoalho do carro. Sei que papai deve estar pirando com os possíveis estragos em seu amado sedã. Quando olho para ele, seu maxilar está rígido, mas então ele nota que o estou observando e me dá um sorriso.

– Devíamos ter pegado o carro de sua mãe – ele brinca. Rio e concordo com ele.

Paramos em frente a uma bem-arrumada casa de fazenda branca, que deve ter mais de cem anos. No pátio da frente, diversas árvores grandes florescem com a estação e flores primaveris brotam do chão. Quando descemos do carro, a porta da frente abre-se e surge um senhor de aparência amigável, vestindo calça jeans, camisa xadrez e suspensórios.

– Olá! – o homem diz com uma expressão radiante, vindo ao nosso encontro no gramado.

– Olá, sr. Billings. Meu nome é Mike Roberts. Sou o pai de Kate – os dois homens apertam-se as mãos vigorosamente antes de se virarem para mim e Evelyn. – Esta é Kate – ele põe a mão no meu ombro – e sua prima, Evelyn – aponta Evelyn que está ao meu lado.

– Como vão, senhoritas? É um prazer conhecê-las – o sr. Billings estende-me a mão. Eu a tomo e sinto o áspero aperto de mão de um homem que conheceu muitos anos de trabalho duro ao ar livre.

Depois de apertar a mão de Evelyn, o sr. Billings sobe os degraus pesadamente e convida-nos a sentar na varanda da frente. Pede licença e desaparece dentro de casa, voltando um momento depois com uma jarra de limonada e copos.

– Não recebemos muitas visitas por aqui. Minha mulher, Judy, costumava simplesmente adorar quando aparecia alguém. Insistia para pormos estas cadeiras aqui fora e fazia limonada e bolinhos toda vez que recebíamos visitas. Não sei muito bem assar bolinhos, embora talvez minha aparência dê ideia do contrário – dá uma risadinha e bate na vasta barriga. – Mas acho que sei espremer limão e misturar com água tão bem quanto qualquer um para fazer limonada.

– É muita bondade sua, sr. Billings – papai responde.

– Por favor, me chame de Roger. Por aqui não temos cerimônia – ele vira uma cadeira, de modo que ficamos de frente uns para os outros, o que facilita a conversa.

– Roger, então. Bem, primeiro, obrigado por nos receber hoje. Kate me disse que você achou três das contas desaparecidas e que sua neta está com elas agora.

– Sim, é verdade. Seu nome é Hannah. Ela tem quatro anos e admito que mimo a garota. Quando consigo vê-la, dou tudo o que quer.

Ela vive doente e, com tudo que passou, simplesmente não quero dizer não a ela – o sr. Billings recosta-se na cadeira pensativamente. – Mas as coisas parecem estar realmente melhorando – ele sorri para mim – desde que lhe dei aquelas contas.

– É mesmo? – inclino-me para a frente e falo pela primeira vez. – O que aconteceu?

– Vejam só, Hannah estava doente demais para viajar já faz bastante tempo, por isso, só a vejo quando vou lá fazer uma visita, o que, infelizmente, acontece apenas algumas vezes por ano. Achei essas contas no verão passado e só fui para lá em novembro, para o feriado de Ação de Graças. Levei as contas comigo e as dei para Hannah. Sua mãe fez um colarzinho com uma fita e as três contas. Hannah tinha passado por outro tratamento e estava muito mal. Não conseguia segurar nada do que comia e estava muito, muito magrinha. Era horrível vê-la daquele jeito – o sr. Billings olha para o campo vazio ao lado da casa, seus olhos revelando a dor que sente ao lembrar o sofrimento da neta. – Porém, começou a usar a fita com as contas e, não demorou muito, ela se animou. Eu tinha chegado na segunda-feira e, no dia de Ação de Graças, quinta-feira, ela conseguiu sentar-se à mesa com todos nós e jantar! Se havia algo pelo qual devíamos ser *gratos*, aquele era um bom motivo! – seus olhos se enchem de lágrimas. Ele pisca várias vezes e toma um grande gole de limonada.

O sr. Billings olha fixamente para seu copo.

– Os médicos não souberam explicar a repentina reviravolta; disseram que nunca tinham visto nada igual. Minha filha, Melanie, acha que teve alguma coisa a ver com as contas.

Assinto com a cabeça, emudecida. Papai diz:

– Roger, tenho de lhe dizer. Não acredito muito nessas coisas, mas parece que as meninas acham que sua filha tem razão.

Em poucas palavras, papai conta a história de Emma, e Evelyn e eu acrescentamos alguns detalhes.

– Kate achou a conta com as iniciais dela. Mas ainda não vimos acontecer nenhum milagre – papai dá de ombros, claramente cético. Então diz: – Roger, nunca pediríamos a Hannah para devolver essas contas.

Quase engasgo com a limonada em protesto, mas papai continua:

– Não importa se elas ajudaram ou não em sua melhora, são especiais para ela. Mas, será que você sabe, ou poderia descobrir, quais as iniciais das outras duas contas?

Evelyn inclina-se para a frente na cadeira, uma confusão de emoções estampadas no rosto. Percebo que ela quer desesperadamente achar sua conta, mas, se for uma das que estão com Hannah, papai acaba de destruir sua esperança de tê-la de volta.

O sr. Billings reflete um momento.

– Bem, Mike, na verdade, não me lembro. Mas posso ligar para Melanie e pedir que ela verifique. Só um minuto – levanta-se e entra em casa.

Ficamos sentados em um silêncio constrangedor. De repente, ouvimos um "oba" dentro da casa e nos entreolhamos surpresos. O sr. Billings volta alguns minutos depois, com um largo sorriso e nova energia nos passos.

– Sumiu! O câncer sumiu! – ele comunica emocionado. – Fizeram um exame ontem e o médico acabou de telefonar com os resultados. Ele não quis esperar até segunda-feira... Sumiu! – ele me tira da cadeira em um grande e forte abraço e me faz rodopiar.

A princípio sobressaltada, quando ele me põe no chão compartilho sua emoção. Sinto como se meu rosto fosse se partir, de tão grande que é meu sorriso. Aquelas lágrimas estúpidas que ultimamente vêm com tanta frequência estão de volta, só que desta vez são lágrimas de alegria, e deixo que elas caiam incontidas pelas minhas faces. Evelyn é a próxima a receber um grande e forte abraço e, então, papai se levanta e lhe estende a mão.

– Parabéns, Roger – ele diz, quando o sr. Billings agarra-lhe a mão e puxa papai para um grande abraço. Agora, todos estamos rindo, os dois homens batendo nas costas um do outro, enquanto todos desfrutamos o momento de comemoração. Acabamos de conhecer o sr. Billings e não conhecemos a pequena Hannah, mas, de certa forma, esta parece uma vitória especial para todos nós.

Finalmente, quando nos acalmamos, o sr. Billings tira um pedaço de papel do bolso.

– Consegui aquelas outras iniciais para vocês – ele desdobra o papel e o estende para mim.

Evelyn passa à minha frente e o arranca da mão dele. Vejo uma estranha mistura de alívio e desapontamento, quando ela lê as letras, desaba na cadeira e me estende a anotação.

J.E.L.

T.M.L.

Levo um minuto para perceber que, ao que tudo indica, o primeiro é outro dos bebês que vovó perdeu. A segunda série de iniciais me atinge como uma tonelada de tijolos. Identifico imediatamente a quem elas pertencem: T.M.L, Teresa Michelle Langford ou, pelo menos, é quem ela era antes de se casar com meu pai.

Meus lábios se entortam em uma careta amarga e contenho mais lágrimas. Se as contas estão de alguma forma ligadas a milagres, será que esta poderia trazer minha mãe de volta para mim?

Ficamos um pouco mais, enquanto papai e Evelyn conversam com o sr. Billings, mas não tenho muito a acrescentar à conversa. Quando nos preparamos para sair, papai oferece-me as chaves do carro, mas não discute quando sacudo a cabeça e sento-me no lugar do passageiro. Paramos no Mayberry Cafe para falar com Chelsea, mas ela não está, então voltamos imediatamente para o carro e pegamos a estrada para casa.

Olho pela janela ao longo do caminho, mas não reparo na beleza da mudança da estação. Brinco com a conta ao redor do pescoço, imersa em meus pensamentos, enquanto os quilômetros passam lentamente, cheios de semáforos e de tráfego. Papai para no caminho e compra um milk-shake para cada um de nós, mas meu estômago ainda está roncando quando paramos para deixar Evelyn em casa.

– Quer almoçar em algum lugar? – papai pergunta, quando nos afastamos da casa de Evelyn.

Nada ansiosa para voltar para casa e encontrar mamãe, seja qual for seu humor, murmuro um suave "sim". Papai dá um grande suspiro e guia até Binkley's.

É tarde para o almoço e o restaurante está quase deserto. Pegamos uma mesa perto da lareira, um dos meus lugares favoritos neste restaurante que foi convertido, de uma antiga farmácia, em um lugar de encontro da vizinhança. Peço um refrigerante e um hambúrguer, claro, enquanto papai escolhe um sanduíche de filé de porco.

Depois que a garçonete traz nossas bebidas, papai inclina-se na mesa e me olha bem de perto. Abaixo os olhos para o guardanapo à minha frente sobre a mesa, fazendo pregas nele com os dedos.

– Você está um bocado quieta – ele me sonda.

Sacudo a cabeça sem olhar para ele e continuo a brincar com o guardanapo.

– Vamos, Kate. O que há de errado? – ele pergunta.

— A conta da mamãe — finalmente consigo dizer com voz abafada. Então olho nos olhos dele, zangada. — Ela está com a conta da *mamãe*.

Ele se recosta na cadeira, começando a entender.

— Kate, não podemos tomar as contas daquela menininha.

— Mas, papai! Não é nem mesmo a conta com as iniciais dela! — exclamo zangada. — A conta não é *dela!* Na verdade, nenhuma é. Mas ela pode ficar com a que tem suas iniciais. A pessoa está morta, mal viveu! Mas *precisamos* da conta da mamãe! — bato com o punho na mesa, olhando-o bem de frente agora. — Mamãe se foi! Ela *se foi*, papai! De que outra forma vamos trazê-la de volta?

— Kate, do que você está falando? Sua mãe não se foi. Está em casa, provavelmente lavando roupa, neste momento.

— Você sabe o que quero dizer, papai. Desde que vovó morreu, ela não é mais a mesma pessoa. Simplesmente anda desanimada prá lá e prá cá, *lavando*, *limpando* ou lendo algum livro idiota, como se isso fosse mais importante para ela que qualquer um de nós. Ela está infeliz e não dá atenção a nenhum de nós, principalmente a mim. Ela não gosta mais de nenhum de nós e *me odeia!*

— Kate, sua mãe *não* a odeia. Ela ama você. Ela só está... ela está passando por um período difícil — ele pega minha mão sobre a mesa e a aperta levemente antes de soltá-la. — Querida, não sei por que a perda de sua avó abateu tanto sua mãe e não sei por que toda essa coisa das contas do rosário a está chateando tanto. Mas sua mãe sempre foi forte. Ela vai sair dessa. Vai sim.

Sacudo a cabeça, as lágrimas escorrendo, enquanto inclino a cabeça tentando escondê-las de quem quer que esteja olhando. Papai tenta de novo.

— Meu bem, o luto é um processo natural. Cada um o experimenta de um modo diferente. Algumas pessoas passam por isso rapidamente e conseguem seguir com a sua vida. Sua mãe só está demorando um pouco mais. Precisamos dar um tempo para ela. Precisamos ter paciência. Só temos de amá-la, mesmo que ela não nos dê amor em troca.

– Mas isso não é *justo*, papai! Por que eu deveria fazer isso? Ela é minha *mãe!* Ela deveria me amar! Ela deveria me levar às compras e olhar meus trabalhos da escola e tentar descobrir quem é o garoto que eu gosto! Mas ela não faz mais *nada* disso. Ela não é minha mãe! É um zumbi!

Papai suspira fundo, olhando fixamente a mesa à sua frente. Finalmente, vira-se para mim e diz:

– Tem razão, Kate, *não é* justo! Mas, às vezes, a vida não é justa. Neste momento, é com isso que temos de lidar e precisamos agir de forma inteligente. Não podemos simplesmente desistir. Porque, quando desistimos, perdemos.

– Está certo, ótimo. Não vou desistir. Quero a conta do rosário, papai, eu a quero para mamãe. Quero dizer: e se ajudar? E se for essa a razão de eu ter achado a *minha* conta? – meus olhos lhe imploram. – Olhe, não quero tirar nada de uma menininha doente. Mas papai, você não vê? Ela já está melhor e mamãe não. Hannah *já* conseguiu seu milagre, mas eu ainda preciso de um – as lágrimas brotam de novo e eu as enxugo, furiosa comigo mesma por ser esse bagaço emocional.

– Kate, é verdade que duas coincidências muito espantosas aconteceram. Mas chamar essas coisas de "milagre" é ir um pouco longe. Nem todos que sofrem um acidente de carro morrem e a medicina realmente cura as pessoas. Acho que você está dando importância demais a uma pequena conta de rosário.

– Talvez você esteja certo, papai, mas é tudo que tenho. Pegar essa conta de volta é a única coisa que posso *fazer* para *ter* mamãe de volta. Por favor, papai. Sei que você acha tudo isso bobagem. *Sei* que não acredita em nada disso. Nem eu tenho certeza se acredito. Mas chegamos até aqui e não acho que seja só coincidência termos encontrado a conta da mamãe. Papai, *não posso* parar agora. E, se for preciso, eu mesma comprarei minha passagem de avião para ir até a Flórida e pegar aquela conta – falo sem pensar no que estou dizendo.

Papai olha firme para mim um bom tempo, sem responder. A garçonete traz a comida e nós a atacamos, ambos aliviados por termos uma desculpa para não falar durante alguns minutos. Lá pela metade do sanduíche de filé de porco, papai para e diz:

– Vou dizer uma coisa, Kate. Acho que todos poderíamos aproveitar para dar uma escapadinha. Não tenho certeza se sua mãe vai topar, mas as férias estão chegando. Vou conversar com ela. Talvez possamos ir de carro à Flórida, tirar umas belas férias e visitar Hannah e sua família enquanto estivermos...

– *O quê?* Papai, isso é sensacional! – grito, pulo da cadeira e corro para abraçá-lo. – Obrigada, obrigada, obrigada! – digo, com os braços ao redor de seu pescoço.

– Não tenha esperanças demais. Ainda preciso discutir o assunto com sua mãe e há coisas que tenho de reorganizar no escritório. Prometo que vou tentar fazer com que dê certo. Mas, lembre-se, Kate, mesmo se a gente for até lá, não vamos simplesmente pedir de volta a conta de sua mãe. Veremos o que a família de Hannah pensa e, então, decidiremos.

Adequadamente repreendida, volto a me sentar, mas continuo com um sorriso nos lábios. Férias *e* uma chance de ter de volta a conta da mamãe? Eu não poderia querer mais.

É domingo de manhã e estou de pé desde as oito horas, assistindo à TV, enquanto tento ignorar o desejo persistente de ir à missa. Durante os quinze primeiros anos da minha vida, passei quase todas as manhãs de domingo reclamando de ser forçada a ir exatamente ao local onde, por alguma razão desconhecida, agora desejo estar. Que coisa mais louca! Sim, estava realmente decidida, poderia ir de bicicleta, ou até a pé, ou pedir a tia Susan ou tia Mary Ellen para vir me pegar. Mas o sofá é confortável e meus pijamas também, e o programa é bem engraçado. Talvez na semana que vem eu invente uma desculpa para dormir na casa de Evelyn e, então, o resultado inevitável será ir à missa.

Algum tempo depois, minha mente está ligeiramente entorpecida por reprises de comédia, quando ouço o telefone tocar. Gwen atende e o leva para mamãe, que está lendo um livro.

– É tia Mary Ellen – ouço Gwen dizer a mamãe, enquanto lhe entrega o telefone.

Tento me concentrar no programa da televisão, mas não consigo deixar de prestar atenção na conversa de mamãe.

– Mary Ellen, hoje simplesmente não tivemos vontade de ir.

Pausa. Mamãe fecha a porta da sala. Levanto-me e finjo ir para a cozinha, assim posso escutar de lá.

– Bem, você sabe que não podemos ser perfeitos como você, Mary Ellen – sua voz está abafada, mas ainda posso ouvi-la. – Vou à missa desde o dia em que nasci. Tudo bem, faltei a algumas durante a faculdade, mas ultimamente não tenho sentido vontade de ir e também não sei se vou ter vontade de ir domingo que vem nem no domingo seguinte.

Pausa. Penso em tia Mary Ellen, que é muito devota, vai à missa todo domingo e quase todos os dias de semana, faz visitas ao Santíssimo Sacramento, provavelmente reza dezoito rosários por dia e costumava ser ligadíssima à mamãe. Não consigo nem imaginar como ela se sente tendo esta conversa com a irmã mais velha.

– O que realmente importa se "mamãe gostaria"? – mamãe praticamente cospe as palavras, a raiva pingando de sua voz. – Ela não está mais aqui. Além disso, ela ia à missa todo domingo, aliás, quase todo *dia*, e aonde isso a levou? Perdeu quatro bebês, morreu em um terrível acidente de avião e nos deixou todos aqui recolhendo os caquinhos. Diga o que quiser, mas nunca vi Deus, nunca senti Deus, ele nunca esteve presente para mim e, *com certeza*, não está aqui comigo agora. Então, sabe de uma coisa, Mary Ellen? Cansei!

Fico imóvel em meu posto de escuta. Há algumas semanas, ouvir mamãe dizer que não queria mais ir à missa teria me enchido de alegria, mas agora, surpreendentemente, me desespero. Sabia que mamãe estava lutando com sua fé, mas chegar *a esse ponto?* Aqui estou eu, disposta a achar essas contas e me sentindo mais atraída pela Igreja, enquanto mamãe decide afastar-se completamente dela.

Não vou chorar. Ultimamente tenho chorado bastante. Demais. Enquanto me esforço para segurar as lágrimas, mamãe fica quieta, provavelmente escutando Mary Ellen. Depois, Mary Ellen deve ter dito alguma coisa que suavizou o coração dela, porque ouço mamãe dizer:

– Também amo você.

Afasto-me de mansinho da porta, pensando naquelas palavras: *amo você*.

São boas palavras. Palavras que não a ouço dizer faz um tempo. Palavras que gostaria de voltar a ouvir.

De repente, não quero outra coisa além de ver tia Mary Ellen para conversar e contar a *ela* o que tem acontecido. Discretamente, ando devagar pela casa, à procura do outro aparelho de telefone sem fio. Quando o encontro, vou para o meu quarto e fecho a porta.

Aperto o botão de chamadas anteriores e, ao encontrar o número de tia Mary Ellen, faço a ligação.

Thomas, de 14 anos, atende. Ouço-o gritar:

– Manhê, é para você! – então um irônico: – É a Kate – antes de tia Mary Ellen atender.

– Kate?

– Oi, tia Mary Ellen – e agora, o que vou dizer? De algum modo, não pensei em nada, só peguei o telefone e disquei.

– O que foi?

– Bem, ouvi por acaso mamãe falando com você agora há pouco e quis falar também, não sei bem porquê.

– Tudo bem, querida. Você não precisa ter uma razão para me ligar – ela faz uma pausa. – Sentimos sua falta na missa.

– Sim, na verdade, eu meio que queria ir, mas, bem...

– Que tal irmos juntas à missa vespertina na igreja de Santa Joana d'Arc, hoje à noite? Talvez possamos comer alguma coisa depois?

– É mesmo? Você faria isso? Mas você já foi à missa hoje de manhã!

Tia Mary Ellen dá uma risadinha.

– Não há nada que eu prefira mais fazer. A missa é sempre o ponto alto de meu dia. Ir duas vezes? Ótimo, isso é ainda melhor. Vou buscá-la às quinze para as cinco, está bem? Assim, teremos bastante tempo para rezar um rosário antes.

– Certo. Isso parece bom. Vou esperar, então – desligo o telefone e tiro a corrente do pescoço, girando a conta entre os dedos pela milésima vez. Rezar o rosário com tia Mary Ellen? Lembro que, da última vez que rezei o rosário com Evelyn, o sr. Billings telefonou quase imediatamente depois que terminamos. Seria a oração realmente tão poderosa? Se eu rezar o rosário hoje com tia Mary Ellen, vou conseguir de novo uma resposta à minha oração?

Engraçado. Fiquei tanto tempo sem rezar quase nada, menos ainda rezar um rosário inteiro, e agora vou rezar dois rosários em três dias.

Sinto-me um pouco tola, dedicando tanto tempo a uma coisa com a qual nunca me importei antes e achando que, de algum modo, isso vai realmente fazer diferença. No entanto, sinto-me ansiosa por encontrar tia Mary Ellen, rezar com ela e passarmos algum tempo juntas depois da missa.

Capítulo nove

Encho-me de coragem e conto a mamãe que tia Mary Ellen vai me levar à missa e depois para jantar. Sua expressão vai de impassível para dura, mas o que pode fazer? Dizer: "Não, Katelyn, você não tem permissão para ir à missa"? Mamãe pode ter mudado muito neste último ano e pode ter perdido a fé, mas, pelo jeito, não chegou ao ponto de dizer que não posso ir à missa com a irmã dela.

Levo algum tempo sofrendo para decidir o que vestir. A família de tia Mary Ellen sempre se veste melhor que a nossa para ir à missa e não quero embaraçá-la, quando está sendo tão legal comigo. Finalmente, decido-me por uma saia azul esvoaçante e uma túnica branca leve, com um cinto ao redor da cintura. O dia está quente, por isso calço sandálias, pego a bolsa e vou esperar na varanda da frente.

Tia Mary Ellen estaciona na entrada alguns minutos antes da hora marcada, às vinte para as cinco. Desliga o motor e sua saia florida balança, enquanto ela caminha até a varanda.

– Oi, querida. Como vai? – ela me dá um abraço antes de examinar minha fisionomia.

– Tudo bem – respondo, desviando o olhar da inspeção perceptiva demais.

— Sua mãe está em casa?

— Sim. Acho que está na cozinha.

Isso vai ficar interessante. Tenho certeza de que neste exato momento mamãe não quer ver Mary Ellen.

— Vou entrar só para dar um oi e já vamos. Está com o rosário?

Tiro-o da bolsa e o ergo para ela ver.

— Ótimo! Espere aqui. Volto já — e ela desaparece dentro da casa, em busca da irmã.

Volta alguns momentos depois, com um ar ligeiramente tenso. Porém, quando percebe que estou olhando para ela, dá um sorriso, leva-me até o carro e vamos para a igreja.

Já fomos algumas vezes à igreja de Santa Joana d'Arc antes, quando perdemos a missa matinal e tivemos de ir à vespertina. Como de costume, fico admirada com o teto gótico alto, os lindos vitrais e as imagens graciosas. Estamos meia hora adiantadas, por isso, há só algumas outras pessoas nos bancos, rezando em silêncio. Mary Ellen escolhe um banco na frente, ajoelha-se e pega o rosário.

— Quer que rezemos por qual intenção? — ela pergunta em um murmúrio.

— Minha mãe — murmuro de volto, meio sem jeito.

— Está bem. Posso começar? — aceno com a cabeça e ela começa, baixinho, para não perturbar as outras pessoas que estão na igreja:

— Em nome do Pai e do Filho e do Espírito Santo.

Eu consigo responder melhor desta vez do que quando Evelyn e eu rezamos na sexta-feira. Enquanto tia Mary Ellen anuncia cada mistério, faço um esforço para me lembrar da história. Compreendo a ressurreição e a ascensão; não é tão difícil. A descida do Espírito Santo... não é quando Pedro sai e fala para a multidão e cada um o ouve na própria língua? Quanto à assunção da Bem-Aventurada Virgem Maria e à coroação, fico completamente confusa. Lembro-me da coroação de maio, quando estava na oitava série, mas só consigo pensar em Ava Glasgow segurando a coroa de flores sobre a cabeça da imagem de Maria e a menina bonitinha do segundo ano, segurando a almofada, vestida com seu belo traje de Primeira Eucaristia.

– Rogai por nós, Santa Mãe de Deus, para que sejamos dignas das promessas de Cristo – entoa tia Mary Ellen e eu volto à realidade. Está certo, eu não estava totalmente concentrada e não conheço todas as histórias por trás dos mistérios, mas mesmo assim me sinto mais tranquila e calma agora, como... bem, como quando Evelyn e eu rezamos o rosário há dois dias.

Ao fazermos o sinal da cruz, ergo os olhos para o crucifixo na frente da igreja, desejando que Jesus desça dali e me explique tudo isso. Como rezar, com um punhado de contas, pode fazer tanta coisa? Está tudo só na minha cabeça? O que devo fazer agora? Preciso mudar e me tornar freira ou algo assim? Porque *isso* não vai acontecer.

Falo sério. Há três semanas eu duvidava bastante de todas essas coisas. Então, por que estou aqui agora, em uma noite de domingo, não apenas indo à missa, mas também rezando um rosário, e mais ainda, *gostando* de *fazer* tudo isso?

– Não, obrigada – tia Mary Ellen diz, devolvendo a carta de vinhos ao garçom. Olho surpresa e Mary Ellen dá um sorriso pesaroso.

– Deixei de beber por causa da Quaresma. Mais quatro semanas e pronto.

Ela pede água e eu peço uma cerveja sem álcool. Estamos em um lugar na esquina da Rua 49 com a Avenida Pensilvânia, chamado Pizzeria Napolese, onde fazem pizzas estranhas, com coisas como queijo de cabra e batatas-doces. Os adultos sempre as adoram, mas prefiro ficar com algo mais simples. A pizza Meridian Kessler, que tem esse nome em homenagem à vizinhança do restaurante com Indianápolis, parece perfeita: linguiça calabresa, cogumelos e o bom e tradicional queijo mozarela: esse é o meu pedido. Tia Mary Ellen pede uma salada.

Quando o garçom se afasta, tia Mary Ellen se recosta e toma um gole d'água.

— Então, Kate, o que está acontecendo?

É o momento que eu estava esperando, só que ainda não tenho ideia do que vou dizer. Pelo jeito, ela não sabe nada a respeito das contas do rosário, por isso decido que é bom começar por aí.

— Quando estávamos na celebração em memória de vovó, achei uma coisa — começo.

— Uma conta de rosário? — Mary Ellen pergunta.

— Sim, você já sabia?

— Sua tia Liz me contou — ela responde.

— Ah! — faz sentido. Sei que elas sempre se falam.

— Você está com ela? Posso vê-la? — Mary Ellen pergunta. Sua voz é um pouco suplicante. Ela tem aguentado tão bem desde a morte de vovó, que é fácil esquecer que ela também deve sentir muita falta dela. Talvez não tenha sido tão fácil para ela como imaginei.

— Dei a de tia Liz para Evelyn por enquanto, mas tenho a minha — tiro a corrente do pescoço e a entrego a Mary Ellen. Ela a segura na palma da mão, girando-a com a ponta do dedo indicador.

— Eu gostaria que tivéssemos todas elas. Não seria maravilhoso poder refazer completamente o rosário de mamãe? — ela diz, pensativa.

— Bem, pensei que se achássemos mais contas, seria legal cada um ter a sua — digo, de repente sentindo-me insegura.

A mão de Mary Ellen fecha-se sobre a conta e uma luz brilha em seu olhar.

– Você tem razão – ela sorri. – Seria realmente maravilhoso. Cada um de nós ter um pedacinho de alguma coisa que era tão especial para sua avó – ela me devolve a conta um pouco relutante. – Então, como sua mãe lidou com o fato de você achar as duas contas?

– Bem, não são mais só duas contas. Na verdade, localizamos cinco. Mas... só *temos* duas delas. As outras três estão na Flórida, com uma menininha que estava com câncer – faço uma pausa. – E quanto a mamãe... ela não está aceitando muito bem.

– O que faz você pensar assim? Ela fez alguma coisa para impedi-la?

Hesito, sem saber como descrever a situação.

– Tia Mary Ellen, mamãe está realmente diferente desde que vovó morreu. Está sempre zangada e desanimada, não é mais a mesma. Parece que nada a deixa contente... – paro por um momento, lutando por dizer aquelas palavras que magoam tanto. – Parece que mamãe não gosta mais de nós; parece que ela não quer mais *ser mãe*. É como se ela tentasse superar cada dia, dentro de seu pequeno casulo. E, desde que ficou sabendo da conta do rosário, está ainda mais irritada e distante – olho para minhas mãos e procuro as palavras certas. Sentindo-me perdida, a única coisa que consigo dizer é: – Não gosto nada disso.

Tia Mary Ellen estende a mão sobre a mesa e acaricia as minhas:

– Oh, Kate, sinto muito! Eu não sabia que as coisas tinham chegado a esse ponto. Deve ser tão difícil para você. E também para Paul, Gwen e seu pai. Lamento não ter o que lhe responder. Mas também sinto falta da pessoa que ela costumava ser. Talvez precisemos dar um tempo para sua mãe sarar, tempo para ela se reencontrar.

Tia Mary Ellen pensa um pouco.

– Kate, sei que você é jovem, e não espero que pense muito a respeito disso, mas você tem rezado por sua mãe?

Encolho os ombros, pouco à vontade.

– Não, acho que não até hoje, quando rezamos o rosário.

– Faça-me um favor, Kate, está bem? Toda vez que começar a se preocupar com sua mãe, toda vez que ficar irritada com ela, toda vez que se ressentir por causa do jeito que ela lida com as coisas, faça uma oração por ela. Pode fazer isso? Pode ser uma Ave-Maria, um Pai-Nosso, ou algo simples como: "Por favor, meu Deus, ajude minha mãe". Não importa realmente o que disser, só reze. Também vou rezar por ela, Kate – ela estende as mãos, procurando as palavras certas. – Porque o poder da oração é... bem, é extraordinário.

– Acho que estou começando a entender. Algumas coisas muito loucas têm acontecido – e conto-lhe tudo: como achei a conta na floresta, como conheci Chelsea e Emma, como criei o cartaz com Natalie, que rezou em seguida. Nossa comida chega, enquanto estou lhe contando que rezei o rosário com Evelyn na sexta-feira e, logo depois, o sr. Billings telefonou. Enquanto como a pizza, descrevo-lhe Roger Billings e sua neta, Hannah.

– Então, o que você acha, tia Mary Ellen? – pergunto, com uma pequena esperança de que ela tenha a resposta. – Simplesmente não entendo. Não pode ser tudo coincidência. Não pode! Mas, se não são coincidências, então, o que são? Milagres?

– Bem, Kate. Não tenho todas as respostas, mas concordo com você que esses eventos não parecem casuais. Creio muito em milagres e sei que Deus é incrivelmente poderoso e nunca vai deixar de nos surpreender – faço que sim com a cabeça, enquanto Mary Ellen faz uma pausa. – Sabe com quem deveríamos falar sobre isso? – ela pergunta, então continua, quando sacudo a cabeça: – Com seu tio Joseph. Tenho certeza que ele pode esclarecer o assunto.

Quase pulo da cadeira.

– É claro! Por que não pensei nisso? Com certeza ele tem as respostas! Tia Mary Ellen faz uma careta.

– Bem, por mais que me doa dizer que talvez meu irmãozinho saiba alguma coisa que não sei, reconheço que ele pode ter aprendido uma ou duas coisas no seminário.

Eu rio, sabendo tão bem quanto ela que tio Joseph é uma enciclopédia ambulante no que diz respeito a conhecimento bíblico e doutrina da Igreja. Olhando o relógio, ela continua:

– Você se importa se eu telefonar para ver o que ele está fazendo? Não é tão tarde. Ainda temos um tempinho, dá para fazer uma visita para ele.

Quando concordo, tia Mary Ellen pega o telefone na bolsa e liga. Alguns minutos depois, ela termina a chamada e me passa o telefone.

– Ele disse que vai nos encontrar naquela cafeteria que ele gosta no centro. Só precisamos saber se seus pais concordam.

Disco o número do celular de papai, desejando que ele atenda, para eu não correr o risco de falar com mamãe, caso tivesse que ligar em casa. Dou um suspiro de alívio quando ouço a voz dele, e outro quando ele diz que não há problema em eu ficar mais algum tempo fora de casa. Tia Mary Ellen paga a conta, e corremos para o carro.

Quando chegamos na cafeteria, tio Joseph já está lá, com as bebidas prontas a nossa espera. Nós nos sentamos e, então, sentindo-me como um disco riscado, conto a história das contas mais uma vez. Ele inclina a cabeça e murmura, fazendo perguntas ocasionais, enquanto tia Mary Ellen acrescenta um detalhe perdido aqui e ali.

Quando finalmente termino, tio Joseph pensa um pouco, antes de começar:

– Sabe, Kate, sua avó tinha uma fé que é difícil de encontrar hoje em dia nas pessoas. Nunca devemos presumir que alguém está no céu, aliás nem no inferno, e rezo por mamãe todos os dias. Mas, se há alguém que conheço que iria para o céu, esse alguém seria ela. Sabe, quando eu era criança, acho que *nunca* a vi perder a paciência. Ela tinha sete filhos e ainda assim... – ele para, de repente, quando tia Mary Ellen põe a mão em seu braço com um sorriso no rosto.

– Oh, lembro-me de uma vez que ela *quase* perdeu a paciência! Você era muito pequeno para se lembrar, Joseph... tinha uns dois anos. – Ela se vira para mim: – Eu tinha seis anos. Papai estava fora da cidade a negócios e Joseph estava na fase de toda noite se recusar a ir para a cama – ela me olha sem me ver, claramente viajando no tempo. – Eram umas onze da noite e ela estava andando com ele para lá e para cá havia horas. Ela desceu, achando que finalmente ele ficaria na cama, mas Joseph a seguiu. Eu não conseguia dormir porque ele estava fazendo muito barulho, por isso esgueirei-me atrás dele e fiquei na escada observando. Quando ela o viu entrar na cozinha, saiu e sentou-se na varanda de trás. Joseph foi até a porta, claro, pôs a cabeça para fora e começou a chorar de novo: "Mamãe! Mamãe!" – Mary Ellen dá uma risadinha, obviamente relembrando a cena: – Sabe o que mamãe disse? – olha para tio Joseph, depois para mim e ri de novo. – Dava para perceber pela voz que ela estava se esforçando para manter a calma – Mary Ellen abaixa a voz, de modo que quase resmunga: – "Joseph, vá para dentro. Estou rezando para ter paciência". Levantando a voz, Mary Ellen repete, imitando o que vovó disse há tantos anos: – "ESTOU REZANDO PARA TER PACIÊNCIA!" – começa a rir de novo, os olhos brilhando, enquanto olha para Joseph: – Isso foi o mais perto que esteve de perder a paciência.

Tio Joseph ri ternamente.

– Não me lembro, mas isso resume bem mamãe. Ela estava *sempre* rezando. Em todas as situações, boas e más, era como se ela *respirasse* oração – ele concentra a atenção em mim. – Kate, se alguém foi para o céu... – ele respira fundo. – Acrescente-se a isso o fato de ela ter uma devoção extremamente forte pela Santíssima Virgem Maria. Você se lembra da casa dela? Ela tinha um crucifixo acima de todas as portas e uma imagem da Virgem Santíssima em todos os cômodos.

Tia Mary Ellen interrompe:

– Alguns cômodos tinham duas ou até três!

Assentindo com a cabeça, tio Joseph continua:

– Ela não tocava muito no assunto, mas rezava enquanto dobrava roupas, cozinhava o jantar e varria o chão. Lembro-me de entrar no banheiro uma vez... Mamãe estava de joelhos, esticando-se para esfregar atrás da privada e, em voz baixa, adivinhem o que ela dizia? – olha para Mary Ellen, que bate na mesa, enquanto ambos dizem: – Ave, Maria, cheia de graça!

Os dois riem e eu me vejo juntando-me a eles e imaginando minha majestosa avó esfregando privadas, enquanto rezava o rosário.

Tio Joseph acalma-se um pouco e se inclina para a frente:

– Quando estava morrendo na cruz, Jesus disse: "Tenho sede!". Ora, por que você acha que ele disse isso?

– Hum... – dou de ombros e respondo: – Porque ele precisava de um pouco d'água?

Tio Joseph sorri.

– Bem, sim, tenho certeza de que ele precisava, mas essas palavras têm um sentido ainda mais profundo. Cristo tinha sede de *almas*. Ele queria que as pessoas fossem a ele e, por meio dele, a seu Pai. – Ele faz uma pausa, deixando isso ser absorvido, então continua: – Sabe o que Cristo disse pouco antes de pronunciar essas palavras? – ergue os olhos à espera de minha resposta, mas sacudo a cabeça.

Tio Joseph vira-se e olha para tia Mary Ellen, que responde à pergunta:

– Foi: "Mulher, eis o teu filho!", e para João: "Eis a tua mãe!"?

– Sim, exatamente! – ele sorri e olha para mim: – Jesus deu sua mãe, Maria, para o discípulo João. Queria que se considerassem mãe e filho. Mas a questão era muito maior – ele toma um gole de café, enquanto concordo obedientemente, embora não tenha realmente certeza de onde ele quer chegar. – O que Jesus fez – tio Joseph continua – foi dar Maria ao *mundo* como nossa mãe, bem como dar *todos nós* a Maria como seus filhos. Gosto de pensar que essas duas declarações estão relacionadas. Jesus anseia por almas e dá toda a humanidade a sua mãe, como seus filhos, pedindo-lhe para ajudar a satisfazer esse anseio.

Tio Joseph inclina-se cada vez mais para a frente enquanto fala, e agora finalmente encosta-se, descontraído.

– Kate, passo muito tempo pensando nisso. É uma das minhas passagens preferidas, quando rezo sobre o mistério da crucifixão. E *sempre* tenho arrepios quando medito a respeito disso.

Inclina-se ansioso de novo para a frente.

– Então, veja, Kate, a tarefa número um da Mãe Santíssima é *levar almas para Cristo*, e ela está lá no céu, fazendo exatamente isso, fazendo tudo o que pode para levar mais pessoas a conhecer e amar Jesus. Assim, quando morre alguém, como sua avó, que amava *tanto* Maria e que foi levada a Jesus *por ela*... bem, imagino que Maria e mamãe estão trabalhando juntas para aproximar mais de Cristo todos os membros desta família. Senti a obra delas em minha vida e creio que é o que está acontecendo na sua.

Joseph pega a conta do rosário, que eu tinha colocado na mesa quando comecei a compartilhar minha história.

– Todas essas coisas que aconteceram... a voz no acidente de carro, a cura do câncer... Se acho que são milagres? – ele olha no fundo dos meus olhos. – Bem, Kate, "para Deus nada é impossível..." – um sorriso ilumina seu rosto e ele volta a recostar-se na cadeira. O sorriso se espalha devagar, iluminando seus olhos. – E mal posso esperar para ver o que mais ele tem guardado para nós!

Capítulo dez

É tarde, quando finalmente saímos da cafeteria e vamos para casa, com o aquecedor ligado e as luzes da rua já acesas. Subo a escada da frente, depois que tia Mary Ellen me deixa em casa, sentindo-me animada pela conversa com tio Joseph.

A casa está em silêncio e parece que todos já foram para a cama. Solto um suspiro, quando me lembro de que ainda tenho que fazer o dever de casa. Conformando-me em ir dormir tarde, vou até a cozinha pegar um copo d'água antes de subir. O contraste de uma folha de papel branco sobre o balcão de granito negro chama a minha atenção e paro para ler.

K, Chelsea ligou. Diz que tem novidades, papai.

Meu coração dá um salto. Aposto que mais alguém tem uma conta! Uma rápida olhada no relógio assegura-me de que é muito tarde para ligar, e frustrada bato com o bilhete no balcão. Terá de esperar até amanhã.

Pego o bilhete e levo-o para cima, pois preciso ter certeza de que simplesmente não o imaginei. Resolvo pegar o livro de História, tentando entender as palavras que giram diante de meus olhos cansados, enquanto a mente zune com ideias de contas, milagres e duas mulheres dispostas a todo tipo de travessura celeste.

Acordo na manhã seguinte, deitada completamente vestida em cima da coberta da cama. Sonolenta, ponho os pés no chão, dou uma olhada na escrivaninha e vejo que meu livro de História ainda está aberto na mesma página em que comecei a noite passada e que escrevi três algarismos em minha linha do tempo da Segunda Grande Guerra. Obviamente, o ano 193 não desempenha um papel significativo na guerra do século XX. Suspiro, olho para o relógio, que mostra sete horas e dez minutos, e não tenho outra escolha além de fechar o livro e guardá-lo na mochila. Minha primeira tarefa atrasada no ano todo. Fecho rapidamente o zíper e vou ao banheiro refrescar-me, antes de ir para a escola.

Quando chego correndo na cozinha, papai está de pé perto da mesa, vestido e pronto para o trabalho.

— Pegue alguma coisa para comer e corra para o carro — ele diz. — Hoje sou eu que vou levá-la para a escola.

— Onde está mamãe? — pergunto.

— Na cama. Ela não está se sentindo bem.

Dou de ombros, pego uma banana e saio pela porta, em direção ao carro de papai. Porém, enquanto vamos para a escola, penso em como é raro mamãe dormir até mais tarde. Não creio tê-la visto na cama depois do sol nascer mais que cinco vezes em toda a minha vida.

Quando chego à escola, procuro imediatamente por Evelyn e vejo que ela está ao lado do armário conversando com nossa amiga Morgan. Não contamos para ninguém da escola sobre a descoberta das contas do rosário de vovó e hesito em tocar no assunto agora, na frente de outra pessoa. Digo olá para as duas e lanço um olhar para Evelyn, e espero que ela tenha entendido a mensagem de "Preciso falar com você", então vou até meu armário e começo a esvaziar a mochila. Enquanto pego os livros para as duas primeiras aulas, Evelyn surge ao meu lado.

– O que está acontecendo?

– Chelsea ligou. Tem novidades – respondo.

Evelyn dá um gritinho e bate palmas, entusiasmada.

– Uhuu! O que é?

– Não sei. Eu não estava em casa. Papai anotou o recado.

– Você não retornou a ligação? – Evelyn pergunta, incrédula.

– Não, era muito tarde quando cheguei em casa e, naturalmente, hoje de manhã era muito cedo para ligar.

– Como aconteceu de você ficar fora até tarde, em um domingo à noite?

– Fui à missa vespertina na igreja de Santa Joana d'Arc, com tia Mary Ellen, e depois fomos jantar no Napolese. Contei a ela o que está acontecendo e acabamos nos encontrando com tio Joseph, para saber o que ele pensa do assunto.

Evelyn arqueia as sobrancelhas, e sei que ela tem mais perguntas, mas o sinal toca avisando que está na hora da aula.

– Vá lá em casa depois da aula e ligamos para ela – Evelyn diz, enquanto seguimos rapidamente pelo corredor.

– Será ótimo, desde que minha mãe concorde.

Prefiro telefonar a Chelsea de um território amigo, onde não tenha de me preocupar se mamãe está ouvindo.

Vamos para nossos lugares e nos calamos bem na hora em que toca o último sinal.

Quando vejo mamãe na fila de carros, fico assustada com suas olheiras e com o modo como ela está encurvada por trás da direção. Gwen e Paul estão no banco de trás, e o rosto deles reflete minha preocupação.

– Você está bem? Está com uma aparência horrível! – falo sem pensar e, então, cubro a boca, chocada com minhas palavras indelicadas.

Ela não olha para mim, só sacode a cabeça e faz sinal para que eu entre no carro.

– A propósito, Evelyn pediu que eu fosse até a casa dela esta tarde – digo, sem jeito. – Mas se você precisa que eu dirija ou faça alguma outra coisa...

– Não. Pode ir se encontrar com a Evelyn – ela diz, com uma voz esquisita.

Eu hesito e ela insiste:

– Por favor, vá para a casa de Evelyn.

E percebo que... *ela não quer que eu vá para casa.*

Minhas emoções lutam umas com as outras, enquanto caminho com Evelyn. Por um lado, estou muito contente em ir para a casa dela e poder ligar para Chelsea de lá, onde não me arrisco a ofender ou contrariar mamãe. Também estou contente em ficar por algumas horas longe da atmosfera sombria de nossa casa. Por outro lado, sinto-me magoada por minha mãe não me querer perto dela. O que fiz para que ela antipatize *tanto* comigo? Minhas emoções oscilam entre o desejo furioso de continuar a fazer *seja o que for* que a contraria e o forte anseio de fazer o que for preciso para que ela volte a gostar de mim.

Evelyn tagarela o caminho todo. Ela está a fim de um carinha da nossa classe, então ela me põe a par das últimas e maiores notícias a respeito de *Mitchell*. O que ele estava vestindo hoje, a cor de seus olhos, o fato de ter dito olá esta manhã e perguntar-lhe se gostou da pizza no almoço. É muito fácil desligar-me dela, murmurar de vez em quando um "hum-hum" e um "é mesmo?", e fingir que a escuto, enquanto passo o tempo todo tentando organizar os muitos pensamentos que giram pela minha cabeça. Porém, quando chegamos à casa de Evelyn, não estou mais perto de uma resposta a respeito de nada. Uma coisa sei: não posso desfazer todo o negócio das contas do rosário, e eu não ia querer fazer isso, mesmo se pudesse. E também não vou parar de procurar as outras contas. Mamãe vai ter de lidar com isso!

Entramos pela porta dos fundos e passamos pela cozinha para pegar um lanche, dizendo um rápido olá para tia Susan. Contamos a ela que Chelsea tem novidades e subimos para fazer a ligação.

Tento o restaurante, mas dizem que ela não trabalha hoje. Ligo para o celular, mas ela não atende. Então, deixo um recado e Evelyn e eu começamos a fazer o dever de casa, enquanto aguardamos o retorno do telefonema. Finalmente, uma hora depois o telefone toca. Reconhecemos imediatamente que é Chelsea, pelo identificador de chamadas.

— Alô? Chelsea?

— Oi! Sim, sou eu. Desculpe não ter atendido a ligação. Eu ainda estava na escola – ela responde. – Então, recebeu meu recado?

— Sim. O que aconteceu?

— Bem, ontem uma mulher veio ao restaurante e a vi lendo o cartaz. Ficou parada na porta olhando um tempão para ele e, finalmente, fui até ela e perguntei se podia ajudá-la em alguma coisa. Ela disse que não precisava de nada, mas que acabara de ver o cartaz e não tinha certeza do que fazer. Ao que parece, no ano passado ela achou uma das contas, que não está mais com ela.

Meu grito de alegria morre na garganta, quando Chelsea conclui a sentença.

— Não está mais com ela? – repito. – O que aconteceu com a conta?

— Bem, não tenho certeza. Ela começou a me contar e a dizer alguma coisa sobre o irmão, mas então olhou o relógio e falou que estava atrasada para voltar ao trabalho. Ela deixou um cartão e eu disse que falaria para você ligar.

Chelsea me dá o nome e o número da tal mulher e conversamos por mais alguns minutos. Conto a ela sobre o sr. Billings e a neta, Hannah, e sobre sua recuperação aparentemente milagrosa.

— Uau, Kate. Primeiro Emma foi salva naquele acidente de carro. Agora essa menininha está, por assim dizer, curada do câncer? Imagino o que mais você vai descobrir... – Chelsea reflete.

— Muito estranho, não? Olhe, quero ligar para essa senhora antes que ela vá para casa, depois do trabalho. Depois conto a você o que ela disse, está bem?

Desligo. Evelyn ficou com o ouvido grudado no meu, por isso não há necessidade de contar a conversa para ela. Disco imediatamente o número da mulher, sabendo que, se parar para pensar, vou ficar nervosa.

Mesmo assim, meu coração está palpitando, quando ela atende no segundo toque.

— Pediatria Hendricks, Beth falando. Como posso ajudar?

— Ah, oi – gaguejo. – Hum, meu nome é Katelyn Roberts. Creio que você achou uma conta de rosário que estou procurando!

— Ah, sim! Oi, Katelyn. Sim. Achei mesmo uma conta. Achei na beira da estrada um dia, há uns sete ou oito meses, quando estava passeando com meu cachorro. Mas lamento já não estar mais com ela.

Embora Chelsea já tivesse dito isso, sinto o coração congelar, quando ouço as palavras no telefone.

— Sim, foi o que Chelsea, a garota do restaurante, disse. Sabe onde a conta está?

— Bem, mais ou menos – ela respira fundo, como se estivesse se recompondo. Ajusto o telefone, tentando segurá-lo de um jeito que Evelyn possa ouvir também. Beth continua: – Meu irmãozinho, bem ele tem quarenta e dois anos – ela dá uma risadinha. – Nossa, quando ficamos tão velhos? De qualquer modo, meu irmão James...

Ela hesita tanto tempo que penso se a ligação não caiu.

– Bem, para encurtar a história – ela continua. – James não tem casa e mora em uma tenda comunitária no centro da cidade. É viciado só Deus sabe em quê, mas, de vez em quando, fica sóbrio o bastante para me ligar de um telefone público e, então, marcamos hora e lugar para nos encontrarmos. Surpreendentemente, a conta que achei tinha as iniciais dele gravadas, J.C.L. Ainda mais estranho, ele ligou assim que cheguei em casa, depois de passear com o cachorro.

Evelyn fica boquiaberta e aperto o telefone, sentindo um calafrio nos braços. A mulher continua:

– Ele parecia péssimo e fiquei ansiosa para vê-lo. Marcamos um encontro para o dia seguinte. Eu dei a ele aquela conta porque tinha suas iniciais. Parecia destinada a ele. Mas agora estou chateada. Desculpe.

Quando ela faz uma pausa, olho para Evelyn, sem saber o que responder. Porém, antes que eu conseguisse formular qualquer palavra, Beth continua apressada:

– É possível que ele a tenha empenhado, ou trocado por drogas, por isso duvido que consiga devolvê-la a você. O outro problema é que, desde então, não tive mais notícias dele.

Ouço-a respirar fundo e suspirar com tristeza.

– James nunca ficou tanto tempo sem me ligar. Fico pensando que a próxima notícia dele virá da polícia ou através do noticiário, contando a história da morte de um sem-teto – Beth dá uma risadinha triste.

Estou completamente sem palavras e esperando constrangida do outro lado da linha. Beth limpa a garganta e diz:

– Essa é a história. Se você me der o seu telefone, eu posso entrar em contato, se tiver notícias dele. Se ele ligar, com certeza vou perguntar sobre a conta e prometo esforçar-me para consegui-la de volta para você.

Dou meu número para Beth, murmuro alguma coisa para lhe assegurar de que seu irmão está bem e desligo o telefone, antes de sentar na cama, frustrada.

Evelyn também se senta e me abraça.

— Haverá outras contas, Kate.

— Eu sei. É que... você sabe, as duas pessoas que viram o cartaz nem mesmo estão com as contas. Parece que não estamos chegando a lugar algum com isso.

— Acharemos mais contas, Kate — Evelyn diz com firmeza. — Não desista. Tudo isso está acontecendo por alguma razão. Tenho certeza!

Evelyn para e está claro que teve uma revelação.

— Ei! Você continua rezando? – pergunta.

Olho para ela com um pouco de culpa.

— Não, eu esqueci.

— Confesso que também esqueci. Mas nunca é tarde para recomeçar. Tenho de ir logo para o treino, mas posso ligar para você mais tarde para rezarmos o rosário pelo telefone.

— Está brincando? Não é um pouco esquisito?

— Não vejo por que seria. Além disso, ouvi minha mãe fazer isso com uma de suas amigas da igreja.

— Está bem, desde que eu consiga fazer o dever de História. Ontem à noite caí no sono e não acabei.

— Ih! A velha sra. Perkins ficou brava com você?

— Não, não muito. Foi a primeira vez no ano que isso aconteceu, então ela até que ficou bem calma. Mas se não ficar pronto até amanhã...

— Não diga mais nada. Se você não terminar, deixaremos para rezar amanhã.

Evelyn demonstra um traço de determinação que eu não sabia que ela possuía. Claro, ela é determinada no softbol e em trilhas e no trabalho escolar e coisas assim. Mas essa insistência na oração é totalmente nova para mim. Pelo jeito, todas as coisas estranhas que têm acontecido a estão afetando também.

Capítulo onze

Trinta minutos depois entro em casa e encontro Paul e Gwen, sentados no sofá, assistindo à televisão com o volume tão baixo, que mal dava para ouvir.

– E aí, pessoal! Tudo bem? – pergunto.

Ambos estremecem, como se tivessem ouvido um tiro. Gwen põe um dedo nos lábios para me pedir silêncio, enquanto Paul adverte-me sussurrando alto:

– Quieta! Não perturbe a mamãe!

Lanço-lhes um olhar interrogativo, então me sento na cadeira ao lado do sofá.

– O que está acontecendo? – sussurro.

– Não sei. Tem alguma coisa errada com mamãe. Quando chegamos da escola, ela foi direto para o quarto e está lá até agora. Se fazemos *qualquer* barulho, ela berra para ficarmos quietos – Paul responde.

Nesse momento, ouço o ganido da cadela.

– Onde está Amber? – pergunto.

– Tivemos de trancá-la. Ela não parava de arranhar a porta de mamãe, que estava ficando realmente transtornada.

Sendo eu a mais velha, imagino ser minha obrigação descobrir o que aconteceu. Com cuidado, subo as escadas na ponta dos pés e vou pelo corredor até o quarto de mamãe e papai, estremecendo a cada rangido das tábuas do assoalho.

Bato de leve na porta, depois abro com cuidado e a empurro alguns centímetros.

– Mamãe? – digo baixinho, examinando o quarto escuro. As venezianas estão fechadas, bloqueando o sol, e só distingo o contorno de seu corpo deitado na cama debaixo das cobertas. – Você está bem?

Mamãe cobre a cabeça com o travesseiro.

– Estou ótima, me deixe em paz.

Fico parada ali um momento, sem saber o que fazer. É óbvio que ela *não* está "ótima". É igualmente óbvio que não quer ser incomodada. Fecho a porta com um leve estalido e volto para baixo na ponta dos pés.

Pego a mochila para terminar o dever de casa, mas então meu estômago ronca e lembro que logo será hora do jantar e mamãe não começou a preparar nada.

Esse é o preço de ser a mais velha, penso, enquanto olho com desejo para o sofá onde Paul e Gwen ainda estão sentados. O dever de casa tem de esperar. Neste momento, alguém precisa preparar o jantar.

Olho na geladeira e nos armários para descobrir alguma coisa que eu saiba realmente preparar. Há macarrão com queijo, salada mista, sopa de tomate, pão... Procuro fatias de queijo na geladeira e finalmente me decido por sanduíches de queijo grelhado e sopa de tomate. Não é uma refeição de *gourmet*, mas tenho dezesseis anos e isso tem de ser suficiente. Pelo menos terei tentado. Se nada der certo, podemos pedir uma pizza quando papai chegar.

Ele chega quando estou dando a última virada nos sanduíches de queijo grelhado na enorme frigideira elétrica. A mesa está arrumada e até coloquei algumas uvas em uma tigela. Considerando tudo, estou bastante satisfeita comigo mesma. Entretanto, quando entra pela porta e me vê preparando o jantar, papai põe a mão na cabeça, parecendo preocupado.

— Como está sua mãe? – pergunta.

— Está lá em cima na cama – respondo. – Ela está doente ou algo assim? Ela parece mal.

— Não tenho certeza, querida – ele se senta pesadamente em uma cadeira, parecendo carregar o peso do mundo nas costas. – Mas receio que a saudade da vovó esteja sendo demais para ela.

— Mas isso não faz sentido – protesto. – Claro, mamãe mudou depois da morte de vovó, mas, quando aconteceu, ela não ficou o dia todo na cama desse jeito. Por que ela iria piorar *agora*, um ano depois?

— Sei que é difícil entender, Kate. Acho... – ele descansa a testa nas mãos um momento antes de voltar a olhar para mim. – Acho que ela conseguiu aguentar as pontas por algum tempo, mas ir ao local do acidente e, bem, tudo o mais que aconteceu, foi além do que ela podia suportar.

Eu o encaro enquanto assimilo suas palavras. *Tudo o mais que aconteceu*. Ele quer dizer as contas do rosário. Não tenho certeza se me sinto culpada ou zangada, ou as duas coisas, e definitivamente não tenho certeza como deveria reagir. Assim, volto para a frigideira elétrica e tiro os sanduíches, antes que queimem. Com os olhos marejados e a voz abafada, peço a papai para dizer aos outros que o jantar está pronto.

Ouço sua cadeira recuar e, depois de um momento, sinto o calor de sua mão enquanto ele aperta meu ombro.

— Vamos dar um jeito, Kate. Vai ficar tudo bem – ele diz e sai da cozinha para ver mamãe, antes de chamar Gwen e Paul para a mesa.

O jantar transcorre em silêncio, embora a comida esteja surpreendentemente boa. Somos só quatro, pois mamãe disse que não quer comer. Papai faz algumas tentativas de alegrar o ambiente, mas é óbvio que todos estamos preocupados com mamãe. Depois, papai me abraça e agradece por cozinhar.

– Suba e termine o dever de casa. Nós lavaremos os pratos.

Olho a cozinha com gratidão, observando o desastre que consegui criar para preparar uma refeição relativamente simples. Sorrio agradecida para papai, antes de subir em silêncio para o meu quarto. A porta de mamãe ainda está fechada, não há luz debaixo dela.

Normalmente gosto de História, mas esta noite a Segunda Guerra Mundial não parece nada interessante, enquanto tento concluir a linha do tempo que deveria estar terminada esta manhã. Fico muito distraída, preocupada com o que está acontecendo com mamãe e pensando em Beth e no irmão dela, James. Não consigo parar de pensar se vamos conseguir pegar a conta de mamãe com Hannah e se mais alguém vai ligar a respeito de alguma das outras contas.

Às oito e meia o telefone toca. Agarro rapidamente, com medo de perturbar mamãe. É Evelyn querendo rezar o rosário comigo. Gemo por dentro. Estou olhando fixamente para a linha do tempo e só escrevi três datas nela. Ainda tenho de fazer também o dever de casa de Álgebra. A última coisa que preciso agora é passar vinte minutos rezando.

Evelyn vai direto ao assunto:

– E aí! Terminou o dever de casa?

– Não. Ainda tenho muito a fazer.

– Está bem. Seremos rápidas. Quinze minutos. Prometo.

– É sério, Ev. Não consigo me concentrar no dever de casa. Há muita coisa acontecendo. Realmente, não posso rezar agora.

– Não, Kate. É exatamente por isso que você precisa rezar. Como se sentiu depois de rezarmos sexta-feira?

– Melhor – reconheço de má vontade.

— E você foi à missa com tia Mary Ellen ontem à noite, por isso aposto que rezou um rosário com ela antes da missa, certo?

— Sim – dou outra resposta de má vontade.

— E como se sentiu depois disso? – Evelyn pergunta em tom complacente. Está claro que já sabe a resposta.

— Melhor. Mas rezei por outra coisa e estávamos na igreja, não estávamos rezando pelo telefone. Isto parece uma tolice, tenho muitas coisas para fazer, *estou cansada* e quero ir para a cama – ouço a lamúria em minha voz, mas decido ignorá-la.

— Desculpe – diz ela. – Mas não vou ceder. Em nome do Pai, do Filho e do Espírito Santo. Creio...

Fico sentada boquiaberta, chocada por ela estar sendo tão insistente, e percebo que minha mão direita está fazendo o sinal da cruz por conta própria. Penso seriamente em desligar, mas isso parece sacrilégio e muita falta de educação. Enquanto luto interiormente comigo mesma: rezar, desligar, rezar, desligar, rezar, desligar, Evelyn está rezando o rosário a uma velocidade incrível. Está falando tão depressa, que mal distingo as palavras.

Será que isso vale?

Quando dou por mim, já estamos no segundo mistério e nem mesmo sei quais são os mistérios que devemos rezar hoje... os que se referem ao nascimento de Jesus? Sua morte? Estou totalmente perdida!

— Ave, Maria, cheia de graça, o Senhor é convosco... – está certo, entendi o bastante e sinto-me como um leiloeiro, mas aqui vai: – Santa Maria, Mãe de Deus, rogai por nós, pecadores, agora e na hora de nossa morte – uau! Estou ofegante. Está certo, de novo!

Finalmente descubro quais são os mistérios, quando Evelyn declara o que vem em seguida: a natividade. Está bem, eu me lembro-me dessa história. Jesus. Nascimento. Estábulo. Pastores. Magos. Entendi.

O próximo é sobre a Apresentação. Não tenho tanta certeza desse. Em seguida, Jesus é encontrado no Templo. Acho que me lembro de alguma coisa sobre isso e, depois, antes que eu perceba, Evelyn termina com um floreio. Dou por mim ajoelhada ao lado da cama e... vejam só, depois que a poeira baixa e eu consigo respirar, realmente me sinto melhor.

Hum.

– Certo! É isso aí! Esta é Evelyn Langford retirando-se. Agora vá terminar o dever de casa. Vejo você amanhã – ela faz o som de um forte beijo, dá um risinho de satisfação e, clique, a linha fica muda.

Levanto-me, sento à escrivaninha e termino a linha do tempo em vinte minutos. A Álgebra é fácil e num instante estou aconchegada na cama. Papai vem me dar um abraço e um beijo de boa-noite e durmo profundamente.

Evelyn põe tanta fé na oração, que acordo no dia seguinte confiante de que as coisas vão melhorar. Contudo, quando desço para o café da manhã, mamãe não está presente e é óbvio que papai está de serviço de novo. Desta vez, não me dou ao trabalho de perguntar. Tenho certeza que a resposta será a mesma: "Sua mãe não está se sentindo bem".

Eu meio que espero o telefone tocar antes de irmos para a escola, embora seja muito cedo. Afinal de contas, a última vez que Evelyn e eu rezamos para alguém ligar, o telefone tocou rapidinho.

Três dias depois, ninguém ligou e dá para imaginar meu desapontamento. Acrescente-se a isso o fato de mamãe ainda estar isolada no quarto, com as venezianas fechadas, e estou prestes a jogar o rosário pela janela. Obviamente não está funcionando.

Pensando que talvez tia Mary Ellen pudesse esclarecer um pouco o assunto, pego o telefone. Então, penso que ela vai simplesmente me mandar rezar, por isso ponho o fone no gancho. Lembro o que tio Joseph disse domingo à noite e pego o telefone de novo. Percebo que neste momento não estou realmente disposta a ouvir nenhuma "sabedoria". Só quero mamãe fora do quarto e cinco chamadas de pessoas que acharam contas do rosário, por isso ponho o fone no gancho de novo. Desta vez, para afastar a tentação de telefonar para minha tia, desço para preparar o jantar. Mais uma vez.

Esta noite me sinto empolgada e quero afugentar pensamentos relacionados a mamãe, aos rosários e aos telefonemas para tia Mary Ellen. Além disso, acho que todos já comeram macarrão com queijo e sanduíches de queijo grelhado por uma vida toda. Pego o livro de receitas de mamãe e decido fazer o prato favorito da família, macarrão com carne moída ao forno. É uma das receitas que mamãe costumava fazer com frequência, assim é bem fácil localizar os ingredientes. A carne moída e a linguiça estão no congelador e eu os descongelo no forno de micro--ondas, antes de fritar. Há uma cebola e meio pimentão verde na geladeira, que eu pico e deixo reservados, enquanto a carne cozinha. Fervo água e acrescento o macarrão, então me perco na tarefa enfadonha de mexer a carne na frigideira.

Enquanto trabalho, lembro-me de quando eu costumava ajudar mamãe na cozinha. Até onde consigo me lembrar, ela me deixava mexer e medir. Começou a me deixar usar as facas afiadas quando eu tinha oito anos. Lembro-me de me sentir grande, de pé, em uma banqueta perto do balcão, para picar uma cebola, e de ficar muito envergonhada quando lágrimas me escorreram pelo rosto sem eu entender o porquê. Mamãe riu, me abraçou e disse:

– Querida, picar cebola faz todo mundo chorar, até eu! Aqui, deixe eu mostrar para você.

Pegou a faca de minha mão e, antes que me desse conta, ela também estava fungando e enxugando os olhos com a ponta de seu avental chique. Ergueu os olhos da cebola, deu um largo sorriso e disse:

– Viu? – então se inclinou e começou a me fazer cócegas, e tentei fazer cócegas nela também. Ambas caímos no chão, em um ataque de riso.

A lembrança me faz sorrir, pensando em como costumava ser. Ela era uma mãe realmente boa. Quem teria pensado que se transformaria nesta... nesta sombra da mãe que era antes. E nestes últimos dias, ela não tem sido nem uma sombra; está mais parecida com um buraco vazio.

Agora me descubro chorando de novo e não tem nada a ver com a cebola. Alguma coisa tem de acontecer. Não podemos continuar a viver deste jeito, e estou começando a realmente me preocupar com mamãe. Há dias não a vejo comer nada. Todo dia depois da aula, entro sorrateiramente em seu quarto e levo-lhe alguma coisa: um pedaço de pão, uma maçã, qualquer coisa que ela talvez goste, mas ela nunca dá mais de uma ou duas dentadas. Talvez amanhã eu peça a papai para trazer sorvete de iogurte, uma espiral de baunilha e creme de laranja com suas coberturas favoritas. Como ela vai sobreviver quase sem comer?

Não falei mais com papai sobre aquela viagem para visitar Hannah, mas decidi falar com ele esta noite. Um pouco de calor e sol fariam bem a nós todos, em especial à mamãe. É óbvio que ela precisa voltar a sair do quarto, embora não tenha certeza de que a esta altura ela queira fazer isso. Mas, quanto mais penso a respeito, mais acredito que Hannah e sua família estejam dispostas a nos dar a conta, agora que Hannah está melhor. Parece que as contas fizeram milagres para Emma e Hannah. Será que faria diferença para mamãe?

Saio do devaneio e, depois de me assegurar de que a carne está suficientemente cozida, acrescento a cebola e o pimentão. Finalmente, está tudo pronto para misturar na tigela e cobrir com queijo. Esqueci de preaquecer o forno, por isso leio um pouco, enquanto espero que ele aqueça, então coloco minha criação dentro do forno, quando acho que já está quente. Afasto-me e inspeciono a cozinha, que agora é meu domínio, sentindo-me satisfeita comigo mesma, apesar de toda a minha preocupação. Nem fiz muita bagunça e, se a refeição estiver tão boa quanto o cheiro, vamos todos ter um jantar delicioso.

Meia hora depois, tiro o jantar do forno e coloco-o sobre a mesa, em seguida chamo a família para o jantar com um gesto cerimonioso, orgulhosa de minha obra perfeita.

Gwen e Paul põem mãos à obra e comem com gosto, mas papai só belisca a comida. Alguns minutos, depois Gwen pergunta:

– Onde estão as frutas?

Olho ao redor da mesa e percebo que estava tão ocupada fazendo o prato principal e pensando em mamãe, que me esqueci de preparar alguma coisa *além* do macarrão com carne moída. Começo a me levantar, mas papai põe a mão no meu ombro e me diz que vai pegá-las.

Alguns minutos depois, com pêssegos enlatados sobre a mesa, noto que papai ainda não está comendo e que olha de relance para nós três. Gwen e Paul devoram a fruta, enquanto fico sentada olhando para papai. Ele limpa a garganta, endireita-se na cadeira e então cruza as mãos à sua frente na mesa.

– Crianças, preciso conversar com vocês sobre... – limpa a garganta de novo. – Sobre a mamãe.

Olha para cada um de nós, assegurando-se de que todos estamos prestando atenção.

– Bem, gente, a mamãe... bem... ela não está *bem*.

Faz quatro dias que ela não sai do quarto. Dizer que não está bem parece um pouco forçado.

– Sim, papai, nós sabemos – Paul diz, baixinho.

– Acho... acho que ela precisa de ajuda – passa a mão nos olhos e, de repente, percebo como ele parece cansado. – Falei com um amigo meu que é psicólogo e ele me recomendou que conseguisse um aconselhamento para ela. O que ela está fazendo... passando o dia todo na cama, sem comer, bem, ele diz que há... há motivo para preocupação e que talvez seja melhor para ela ir para uma... – ele limpa a garganta – ... uma clínica por... algumas semanas. – Papai que, geralmente, fala tão bem, tropeça nas palavras.

Papai põe os dois cotovelos na mesa à sua frente e esconde o rosto nas mãos, apertando os dedos nos cantos dos olhos, para tentar impedir que as lágrimas escorram. Quando ergue o rosto, vejo que ele não conseguiu. Os dedos estão molhados e agora as lágrimas descem pelas bochechas.

– Hoje à tarde conversei com ela, que concordou. Ela... – ele olha de novo para nós ao redor da mesa, como se tentasse nos tranquilizar. – Ela sabe que alguma coisa está errada e também não quer ficar assim. Só não sabe como sair dessa situação – ele para, respira fundo e continua: – Achei um bom lugar, altamente recomendado por meu amigo. Ele diz que ali ela ficará confortável e que eles são muito bons em ajudar as pessoas, principalmente quem está passando por depressão. Vou levá-la para lá amanhã, depois que vocês forem para a escola.

Sinto uma torrente de emoções confusas, enquanto papai explica tudo aquilo. Primeiro, há uma sensação culpada de alívio. A vida com mamãe em casa ficou muito ruim. Esgueirar-se, tentar não dar um pio nem dar um passo em falso é horrível. A ideia de poder voltar realmente a viver em nossa casa deixa-me mais que só um pouquinho feliz.

Mas, então, há também uma terrível tristeza. Não consigo acreditar que minha mãe vai ser internada em algum tipo de instituição de saúde mental. Ela deveria ser mais forte que isso. Deveria ser aquela em quem confio. Deveria estar presente quando choro e quando comemoro e quando rio. Claro, ela não tem sido *essa pessoa* há um ano, o que torna seu declínio muito mais real para mim.

A terceira emoção é uma que não me orgulho em confessar: vergonha. Como vou explicar a todos que minha mãe desapareceu de repente? "Ah, sim, minha mãe foi para um hospício" ou: "Um quarto escuro já não era suficiente, por isso conseguimos para ela uma cela acolchoada?". Eu me vejo pensando em desculpas, distorções da verdade, como: "Ah, mamãe precisava de um descanso, por isso tirou umas feriazinhas".

Quarta? Estou incomodada. Incomodada porque rezei por ela com tia Mary Ellen e, depois, rezei de novo segunda-feira à noite com Evelyn, e mesmo que a intenção não fosse *por* mamãe, não deveria ter valido para alguma coisa? Não deveria ter *ajudado?* Mas não ajudou. Ela está pior e a situação está pior, e quero que isto simplesmente acabe, mas não vejo um fim à vista. Então, de que adianta rezar se isto é tudo que ganhamos em troca? Por que nos darmos ao trabalho? Estou começando a pensar que a vida era melhor antes de tudo isso começar a acontecer; antes de eu encontrar a conta do rosário, antes de ouvir as histórias surpreendentes, antes de começarmos as buscas. A vida era *melhor* quando eu não tinha rezado um rosário em oito anos!

Paul e Gwen estão fazendo perguntas, mas não quero ouvir as respostas. Empurro a cadeira para longe da mesa e me levanto bruscamente.

– Não estou mais com fome – digo e subo correndo para a privacidade do meu quarto.

Ao chegar no quarto, dou uns socos no travesseiro, mas isso não faz eu me sentir melhor, então atiro o travesseiro longe. Atiro outro travesseiro, e outro e outro. Um dos travesseiros derruba da cômoda a estátua de uma bailarina que vovó me deu, quando eu tinha quatro anos. Ela cai no chão e se quebra em pedacinhos. Tento pegá-la, mas é tarde demais. Lágrimas escorrem pelo meu rosto enquanto cato os pedaços de porcelana. Seguro-os na mão e me pergunto: *Por quê? Por que isto está acontecendo comigo? O que fiz para merecer isto?*

Jogo os pedaços, um a um na cesta de lixo, cada um fazendo um barulho peculiar, quando bate na lata de metal, e o tempo todo penso: *A culpa deve ser minha. Devo ter feito tudo isto acontecer. Eu fui má com Gwen e desrespeitava mamãe o tempo todo. Não ajudava o suficiente em casa.* Finalmente, os pedaços se foram, o choro abala meu corpo e eu juro, a quem possa estar escutando: "Vou agir de forma diferente! *Vou ser* melhor! *Prometo* que vou. Prometo. Só a traga de volta. Devolva minha mãe para mim". Continuo a resmungar meu pedido, enquanto me enrolo como uma bola no chão, os braços em torno dos joelhos, desejando consolo, mas sem encontrar nenhum.

Um pouco mais tarde, papai abre a porta suavemente e me encontra deitada no chão, o choro reduzido a soluços secos. Ele se senta a meu lado e me abraça. Queria ser uma menininha de novo para que ele me erguesse, carregasse para a cama, cobrisse com os cobertores e me desse um abraço que nunca tivesse fim. Mas não sou, então me conformo com isto, com meu pai me embalando, sentados no chão duro, sendo abraçada por seus cálidos braços, a pulsação de seu coração debaixo de minha orelha, abafada de vez em quando por um soluço que restou de meu choro.

Durante muito tempo, ele não diz nada e fico contente. Palavras arruinariam o consolo que seu afeto me dá. Ele simplesmente me embala, de vez em quando alisa o meu cabelo, tirando-o da testa, ou passando a mão em meu braço em um gesto confortador.

Finalmente, os soluços acabam e começo a me sentir tola, deste jeito, nos braços de meu pai. Movo-me para me levantar, mas ele não me solta.

– Kate, eu sei que isto é difícil. Parece que é mais difícil para você do que para Paul e Gwen. Lamento que você tenha de passar por isto, lamento tudo que aconteceu no último ano e gostaria de poder fazer com que todas essas coisas simplesmente fossem apagadas. Mas não posso – seus braços me envolvem com mais força. – Mamãe vai melhorar, mas isso não vai acontecer da noite para o dia. Temos de ficar unidos e superar isto.

Por fim, ele me solta e eu me endireito, mas não o olho de frente.

– Quanto tempo ela vai ficar lá? – pergunto.

– Vai depender do tempo que levar para ela se estabilizar. Talvez algumas semanas, então ela vai poder vir para casa e fazer tratamento como paciente de ambulatório.

– Podemos visitá-la? – pergunto, mas não tenho certeza se vou realmente querer ir.

– Não tenho certeza, querida. Vamos saber depois de amanhã.

– Então, suponho que isso significa que não vamos à Flórida ver Hannah, no feriado? – finalmente volto os olhos para ele e percebo que ele também esteve chorando.

– Querida, não podemos deixar sua mãe agora e ela não está bem para viajar. Talvez no verão, está bem?

– Mas, papai, e se a conta do rosário puder ajudá-la? A conta de tia Elizabeth ajudou Emma e as outras contas ajudaram Hannah. E se for *isso* o que mamãe precisa, papai?

– Kate, já conversamos sobre isso. Uma conta de rosário não tem poderes mágicos. Mágica não existe, querida. Você sabe.

– Eu não disse que era *mágica*, papai. Mas e se isso tiver alguma ligação especial com vovó? E se vovó estiver rezando pelas pessoas que estão com as contas de seu rosário?

É óbvio que papai está incomodado com a direção da conversa e ansioso para pôr um ponto final.

– Kate, se o céu existe, sua avó deve estar lá. Mas não tenho certeza do que ela pode fazer de lá. Mas, se ela *pode* fazer as coisas acontecerem, não imagino por que ela precisaria de uma conta de rosário para isso.

Ele se levanta, sacudindo as calças.

– Olhe, você sabe que não sou a pessoa certa para falar sobre isso. Tenho certeza de que seu tio Joseph pode ajudar, ou mesmo tia Susan ou tia Mary Ellen.

Estende a mão para me ajudar a levantar. Eu a pego e ele me ajuda a ficar em pé e me dá outro abraço. Consolo-me com seu afeto, uma combinação de força e bondade paterna, e, por um momento, me acalmo em seus braços. Ele descansa o queixo no topo de minha cabeça.

– Kate, amo tanto você. Vamos superar isto, meu bebê. Vamos superar juntos. Está bem?

As lágrimas começam a voltar, mas as retenho. Aceno com a cabeça, o queixo balançando, e me solto suavemente de seu abraço, olhando para os pés.

– Está certo, papai – consigo dizer com a voz sufocada.

Ansiosa agora para que esta conversa termine, olho para a escrivaninha, onde o livro de História está a minha espera para estudar para a prova sobre a Segunda Guerra Mundial.

– É melhor eu fazer o dever de casa – murmuro, e vou até a escrivaninha e me sento. Simplesmente não consigo encará-lo.

Ele vai atrás de mim, aperta suavemente meu ombro e diz:

– Está bem, querida. Posso lhe trazer alguma coisa?

Sacudo a cabeça, receosa de recomeçar a chorar se tentar falar. Papai me dá um beijo no alto da cabeça e sai em silêncio do quarto, fechando a porta atrás de si.

Capítulo Doze

Na manhã seguinte, a casa está sinistramente silenciosa. Ninguém briga para saber qual é o primeiro a usar o chuveiro, e Gwen não pergunta se pode pegar emprestadas algumas de minhas roupas para o dia informal. Cada um prepara seu desjejum e comemos em silêncio. O que conversar na manhã em que nossa mãe vai para uma clínica de doentes mentais? Exatamente. Nada. Na verdade, não há nada a dizer.

Esforço-me para decidir o que e quando contar a Evelyn. Ela acabará descobrindo, mais cedo do que se espera, tenho certeza, sendo parente e tudo o mais. Além disso, é minha melhor amiga, e sei que deveria *querer* contar a ela. Mas aquela vergonha devastadora continua a me atormentar. Não há como nos sentirmos *bem* em saber que nossa mãe está indo para uma "instituição". Sim, claro, papai tenta fazer isso parecer bom, chamando o lugar de "clínica", mas todos sabemos a verdade.

Dou uma espiada em Gwen, depois em Paul e vejo que eles dormiram do mesmo jeito que eu. Estão com uma aparência péssima, e sei que também estou. Meus olhos estão vermelhos e inchados, minhas faces marcadas pelas lágrimas que correram de vez em quando durante a noite. A falta de sono acrescentou olheiras escuras a essa mistura e estou mais que um pouco mortificada pela ideia de encarar todo mundo na escola. Penso em todos nós, Roberts, chegando juntos à escola, parecendo a morte requentada, e descubro que minha boca realmente se curva em um sorrisinho, enquanto nos comparo à família de vampiros da série *Crepúsculo*. Por um momento, simplesmente aprecio o fato de ainda poder sorrir, antes que a realidade se manifeste e o sorriso desapareça.

Papai entra na cozinha, pronto para nos levar para nossas respectivas escolas. Ele também está com uma aparência péssima. Coloca uma caneca na cafeteira, põe uma cápsula na máquina e aperta o botão. Momentos depois, inclina-se sobre o balcão de granito, fecha os olhos e inala o aroma do café torrado, como se ali estivesse a chave para o seu bem-estar. Porém, quando abre os olhos, eles estão ansiosos, e vejo que ele está receoso quanto ao que este dia reserva.

Ele dá uma olhada no relógio.

– Hora de ir, gente. Querem subir e se despedir da mamãe?

Nós três nos entreolhamos, um pouco assustados. Por alguma razão, parece que a ideia não ocorreu a nenhum de nós. Estou consternada. O que devo dizer? O que mamãe vai fazer? Não imagino uma situação mais embaraçosa, mas sei que tenho o dever, como mais velha, de ir na frente. Endireito os ombros, faço uma leve inclinação rápida e brusca de cabeça e me dirijo resolutamente para a escada.

Só temos alguns minutos, uma bênção pela qual serei eternamente grata. Abro a porta devagar e olho para dentro do quarto, que tem um fedor humano, de lençóis não lavados e de ar viciado. Franzo o nariz, mas continuo a entrar. No escuro, vejo mamãe sob as cobertas, com as costas voltadas para mim. Ela se vira, quando me aproximo da cama, e percebo que é a primeira vez em dias que vejo realmente seu rosto. O que vejo me faz prender a respiração. Sua pele está esticada sobre os ossos da face, os olhos fundos e escuros no rosto encovado. Ela está pele e ossos e seus olhos parecem sem vida, mas torturados. Inclino-me e lhe dou um abraço constrangido, que ela não retribui.

– Tchau, mamãe. Espero que se sinta melhor – sussurro, sem saber mais o que dizer.

Ela não responde, só fecha os olhos bem apertados. Uma lágrima escorre ao lado do seu nariz.

Engulo as lágrimas; *não* vou começar *de novo*. Afastando-me da cama, esbarro em Gwen. Desvio-me dela e vejo seus olhos arregalados e assustados, antes de fugir do quarto como se os cães do inferno estivessem na minha cola.

Antes que eu perceba, estou de volta à cozinha, prendendo a respiração e tentando controlar o pânico que se apoderou de mim. Papai entra na cozinha, dá uma olhada em meu rosto aterrorizado e me dá um abraço, então me segura pelos ombros e recua para olhar-me atentamente nos olhos.

– Tudo vai ficar bem, Kate. Você vai superar. *Nós* vamos superar juntos, um dia de cada vez. Neste momento, precisamos ir para a escola. Portanto, anime-se e pegue suas coisas. Está bem? – dá um tapinha no meu queixo e me estuda um momento, como se quisesse ter certeza de que não vou desmoronar diante de seus olhos, e se afasta, pega as chaves e sai.

Não digo uma palavra, só inspiro fundo pelo nariz e expiro pela boca, como o conselheiro de orientação escolar nos ensinou no quarto ano. Repito e faço uma terceira vez. Sentindo-me ligeiramente melhor, pego a mochila e vou para o carro, sem dizer uma palavra. Sento no banco da frente, ponho o cinto e fico completamente imóvel, olhando para a frente. Ouço os outros entrarem no carro, mas continuo a olhar fixamente pelo para-brisa. É como se eu fosse trincar, se movesse um só músculo.

Quando chegamos à minha escola, desço com o corpo enrijecido, passo pelas portas e vou em direção a meu armário sem ver ninguém nem nada na minha frente. Ouço vagamente alguém chamar meu nome, mas não assimilo muito bem. Simplesmente continuo a andar até meu armário e faço mecanicamente a tarefa de esvaziar minha mochila e pegar os materiais que vou precisar no primeiro período. Minha mente está vazia e pareço um robô, fazendo os movimentos sem sentir absolutamente nada.

De repente, alguém agarra meu braço, mas não olho para saber quem é. Ouço meu nome ao longe. A mão aperta meu braço e me sacode, forçando-me a virar e ver quem é.

Evelyn, naturalmente, rodeada por amigas e colegas de classe preocupadas.

– Kate, Kate, você está bem? – ela pergunta ansiosamente olhando nos meus olhos.

Aceno bruscamente com a cabeça, solto meu braço e vou para a sala de aula. O sinal toca exatamente quando me sento, e é o melhor som que ouvi em toda a vida. A aula começa e a professora exige a atenção dos alunos, uma trégua garantida de olhos e perguntas intrometidas.

Ao terminar a aula, já consegui me recompor um pouco e estou preparada, quando Evelyn me alcança na saída da sala. Mais uma vez, ela agarra meu braço e o sacode.

– Kate! O que está acontecendo? – pergunta em tom desesperado.

– Nada. Estou bem – minto, olhando além dos seus olhos. Sei que ela não vai acreditar, se eu olhar diretamente para ela.

Apesar de tudo, não funciona.

– Não, não está. Alguma coisa está errada e você tem de me dizer o que é.

Minto de novo.

— Estou bem. De verdade. Só preciso ir para a sala – começo a andar e Evelyn me acompanha, esbarrando nos colegas, ao tentar ficar a meu lado.

— Kate! Você tem de falar comigo! *O que... Está... Errado?!* É alguma coisa com as contas? – a ficha cai. – É sua mãe? Ai, não. O que aconteceu, Kate? – ela pergunta, em tom suplicante.

Sei que ela só quer ajudar, mas não consigo lidar com o fato de ter que lhe contar. Não aqui. Não agora. Então, parto para o ataque verbal.

— Olhe, Evelyn, estou bem! Disse que estou bem e realmente estou *bem*. Só não quero conversar com você agora, por isso deixe-me em paz – digo em tom duro, irritado. – Entendeu? Só me deixe sozinha!

Saio pisando duro, deixando-a para trás, completamente boquiaberta e com um olhar ofendido. Sei que a magoei e que nada disso é culpa dela, mas inflijo a dor da culpa, envolvo-me outra vez em minha imagem de robô e vou para a aula seguinte.

Chega a hora do almoço e todos da sala me evitam, então sento sozinha e olho fixamente para a salsicha empanada na bandeja. Pego os talheres e mexo as peras no prato, experimento um bocadinho, depois volto a mexer. Decido pelo leite com chocolate como o único alimento de que realmente necessito, sem dizer que penso ser a única coisa que vou conseguir segurar no estômago. Depois de beber o leite, fico encarando a bandeja até que a encarregada do almoço avisa que está na hora de voltar para a sala de aula.

Infelizmente sou detida no caminho e desta vez não dá para desviar facilmente. A orientadora se aproxima de mim, seus olhos mostrando um misto de preocupação e piedade.

— Katelyn? Pode vir conversar comigo em minha sala, por favor.

— Tenho aula, sra. Tuttle.

— Sei disso, querida. Eu já disse ao sr. Forester que você vai chegar um pouco atrasada na aula.

Lanço um longo olhar pelo corredor em direção à minha sala e obedientemente sigo a sra. Tuttle até a sala dela.

– Sente-se, querida – a sra. Tuttle indica as cadeiras perto da escrivaninha. – Katelyn, sua prima Evelyn me procurou. Ela está muito preocupada por você não estar agindo normalmente. Liguei para o seu pai, querida, e ele me contou o que está acontecendo.

Fecho os olhos alguns segundos, então os abro e olho diretamente para os olhos atenciosos da sra. Tuttle, que está empoleirada na ponta da escrivaninha. Não digo nada, só continuo a olhar para ela, trancada em minha mente de robô, silenciosamente a desafiando a chamar-me de "querida" mais uma vez.

– Você gostaria de falar sobre isso, Katelyn querida? – ela pergunta bondosamente. Se não fosse por aquele "querida", sua compaixão teria sido suficiente para romper minha máscara.

Sacudo a cabeça:

– Não, obrigada – digo simplesmente. Desvio o olhar dela e olho para o crucifixo na parede.

– Seu pai e eu pensamos que seria uma boa ideia se você saísse da escola mais cedo para ter o resto do dia livre. Falei com seus professores e você não vai perder nada importante. Infelizmente, seu pai ainda está com sua mãe, ajudando-a a se instalar, por isso não vai poder vir pegá-la. Ele sugeriu que eu ligasse para sua tia Mary Ellen – ela faz uma pausa como se quisesse avaliar minha reação. Tiro os olhos do crucifixo por um momento, querendo assegurar-lhe que não estou tendo um colapso nervoso como minha mãe. Mas não sinto realmente que vou conseguir, por isso volto a olhar para o crucifixo.

Pensamentos aleatórios começam a girar em minha mente. *Nossa, ele era realmente muito magro. O que significam mesmo aquelas letras sobre sua cabeça? Imagino se aquela coroa de espinhos ainda machucava, depois de ser usada tantas horas, ou se ele se acostumou com ela?* Gostaria de poder alcançar lá em cima, tirá-lo da parede, passar as mãos pelo corpo na cruz e, talvez, só talvez, atirá-lo pela janela e ver se ele ou a janela vai se quebrar.

Quando dou por mim, tia Mary Ellen está ajoelhada ao meu lado. Coloca o braço ao redor de meus ombros e puxa minha cabeça em sua direção, no esforço de me consolar. Resisto e olho para ela. Seus olhos estão vermelhos e úmidos. É óbvio que esteve chorando. Ótimo. É exatamente o que preciso. Outro bagaço para ajudar o bagaço. Boa tentativa, sra. Tuttle, papai.

Tia Mary Ellen pega meu braço e me puxa da cadeira. Levanto-me sem resistência. Ela me dá um abraço, mas não a abraço de volta. Ouço-a agradecer a sra. Tuttle e dizer que vai tomar conta de mim, enquanto põe o braço ao redor de meus ombros e me tira gentilmente da sala. Para um momento na mesa da secretária, para assinar minha saída e, então, seguimos pelo corredor e vamos embora.

O sol brilha e tenho de apertar os olhos para enxergar. Percebo que esqueci a mochila, mas tia Mary Ellen diz que Dylan ou Evelyn vai pegá-la para mim. Ela me leva até o carro, abre a porta do lado do passageiro e cuidadosamente me ajeita no assento, esticando o braço para prender meu cinto de segurança.

Não presto atenção para onde vamos, mas a certa altura percebo que não estamos indo em direção à minha casa e, aliás, nem para a casa de tia Mary Ellen. Atordoada, pergunto-me o que ela fez com Maria, que ainda não entrou para o jardim de infância e, em geral, fica em casa com a mãe. Antes que me dê conta, paramos e tia Mary Ellen estaciona o carro em uma rua relativamente tranquila. Sai do carro e vem do meu lado, a fim de abrir a porta para mim. Levanto-me sem sua ajuda e curiosa olho em volta, percebendo meio confusa que chegamos à igreja de Santa Joana d'Arc, a mesma onde domingo assistimos à missa.

Faz só cinco dias que estivemos aqui, mas parece uma eternidade. Sinto-me uma velha, como se tivesse envelhecido no curto mas enorme espaço de tempo desde que estivemos nesta igreja.

Enxergando uma figura vestida de preto no topo das escadas da igreja, tia Mary Ellen acena. Vira-se para me lançar um olhar penetrante, enquanto diz:

— Espero que não se importe. Pedi a Joseph que viesse também.

A notícia não rompe minha atitude estática, mas vejo que ela espera uma resposta, por isso inclino a cabeça.

Embaraçada, tia Mary Ellen continua:

— Eu não sabia qual o melhor lugar para irmos, mas aqui parece bom. Sei que sempre me sinto... — faz uma pausa, procurando o que dizer. — Mais perto de Deus. Portanto... aqui estamos — subimos as escadas sem falar. Tio Joseph me abraça sem palavras, antes de abrir a pesada porta. Mary Ellen escolhe um banco perto do altar e senta-se à espera de nos juntarmos a ela. Faço uma genuflexão por força do hábito e entro, deixando lugar suficiente para tio Joseph à minha direita. Sento-me na ponta do banco, sentindo que caí em uma cilada, sem absolutamente nenhuma certeza de que quero estar aqui. *Será que quero estar mais perto de um Deus que permite que coisas assim aconteçam?*

Ainda sem falar, tio Joseph ajoelha-se e Mary Ellen segue seu exemplo. Ele começa:

— Senhor, pedimos hoje por Teresa, mãe de Kate e nossa irmã. Senhor, nós vos suplicamos sua cura. Pedimos também por Kate, Paul e Gwen e pelo pai deles, Mike. Por favor, consolai-os nesta hora difícil, Senhor. Mãe Santíssima, sede mãe para eles, enquanto Teresa não pode sê-lo — ele tira do bolso dois rosários e entrega-me um, antes de fazer o sinal da cruz e começar a oração. Ouço o estalido das contas quando Mary Ellen pega seu rosário na bolsa.

A princípio, eu resisto. Fico sentada, tentando não ouvir as palavras nem pensar nas histórias. Ouço-o vagamente anunciar "A agonia no horto". Minha determinação se enfraquece e começo a deixar que o ritmo das palavras me envolva.

– Ave, Maria, cheia de graça, o Senhor é convosco...

Sinto meus dedos moverem-se pelas contas no ritmo da oração, embora saiba que não estou na conta certa. A sensação das frias contas entre meus dedos é tranquilizante. Seguro o crucifixo na palma da mão e passo o polegar sobre ele, grata por agora poder tocar o que eu desejei tocar na sala da orientadora, mas agora sem nenhum desejo de atirá-lo pela janela.

Enquanto tio Joseph continua: "A flagelação", escorrego do banco e me ajoelho entre meus tios. Meu devaneio continua. Meus olhos estão fechados e fico calma, até que, de repente, vejo uma vergastada vermelha atravessar o interior das pálpebras. Estremeço e, então, a vejo de novo. Abro os olhos e tudo à minha volta está exatamente como deveria estar, mas, quando os fecho de novo, vejo outra vergastada vermelha e, então, outra. Começo a reconhecer a cena e entendo que estou testemunhando o mistério em minha mente. As vergastadas vermelhas são os açoites, cortando a carne de Cristo. Ouço um grito de agonia, mas não sei se vem do homem ajoelhado diante de mim ou de um espectador na multidão. Estendo a mão para deter a tortura, mas descubro que minha carne também foi rasgada pelo açoite. Puxo-a de volta, afagando-a contra a barriga, enquanto continuo ali, assistindo, relutante ou incapaz de ajudar; não sei qual dos dois.

De repente, não posso mais ficar em meio a essa cena. Abro os olhos ofegante, sentando-me no banco atrás de mim. Olho desesperadamente pela igreja, para ter certeza de que tudo só aconteceu na minha mente. Tio Joseph para bruscamente de rezar e vira-se para mim com uma expressão preocupada. O robô se foi, a bem-aventurança do nada removida, e começo a soluçar em pura agonia. Mary Ellen me abraça e me acalenta gentilmente, de modo muito parecido com o que papai fez a noite passada.

Choro como nunca chorei antes: profundos soluços doloridos que vêm da boca do estômago, sobem e saem de mim. Choro por mamãe, pelo que ela deve estar passando. Choro por mim mesma e a dor que senti, perdendo-a lentamente durante o ano passado. Choro por ter de dizer adeus a seus olhos vazios, antes de sairmos de casa, e por Gwen e Paul e papai, que também devem estar passando por isto, cada um de seu jeito. Choro pelas coisas que disse a Evelyn esta manhã, sabendo que a magoei, quando ela só estava tentando ajudar. E choro por uma avó que perdi faz mais de um ano, pela perda de seu sorriso generoso, seus abraços calorosos, as histórias de seu passado, sua esperança no futuro e sua fé sólida como uma rocha.

Pensei ter chorado tudo que tinha para chorar a noite passada, mas estava enganada. Obviamente, ver mamãe esta manhã empurrou-me para a beira do abismo. A visão de Jesus sendo açoitado me derrubou nesse precipício e começo a pensar... *por quê? Por que isso teria tanto efeito sobre mim?*

Tia Mary Ellen continua a me acalentar, procurando me tranquilizar, quando meus soluços diminuem. Finalmente, precisando de uma resposta, ergo a cabeça de seu ombro, que agora está molhado por minhas lágrimas. Olho para minha tia e entendo que há uma razão em papai não estar disponível para me pegar na escola hoje cedo. Agora preciso de tia Mary Ellen, preciso de sua experiência como mãe e de sua semelhança com a mulher que mamãe era antes de tudo isso. Mais ainda, preciso de sua *fé*, sua *compreensão* e sua *esperança*.

Ela olha para mim com olhos marejados, cheios de amor, e percebo que estou contando o que vi.

— Tia Mary Ellen, *eu o vi*.

Ela olha para mim, espantada, mas então seu rosto se desanuvia e ela dá um sorriso consciente.

— Você viu, não é? — ela pergunta sem questionar se realmente o vi. Parece saber, por intuição, que eu vi. Parece contente, tranquila, até mesmo feliz por ter ouvido minhas palavras. Olha para tio Joseph, que eu tinha esquecido que também estava presente, depois de novo para mim, e pergunta:

— Gostaria de falar a respeito?

— Eu... eu estava *lá* — digo com reverência. — Na flagelação. Eu os vi açoitando-o. Foi... terrível — digo num sussurro. — Simplesmente terrível. Tentei detê-los, mas o açoite atingiu *minha* mão e eu... eu tive medo — olho agora para as costas de minha mão, onde o açoite teria atingido, mas não há sinal de ferimento e, de repente, me sinto muito boba. Deve ter sido só minha imaginação. Devo estar perdendo a cabeça também. Talvez seja hereditário.

Tio Joseph coloca a mão afetuosa em meu ombro, me viro e olho para ele. Seu olhar está cheio de afeto e conforto, quando ele responde intuitivamente às minhas preocupações.

— Kate, você recebeu um dom especial de Deus. Abrace esse dom. Não questione se foi real. Foi. Às vezes, ele nos dá essas experiências. Nem todo mundo é abençoado com tal dom e os que são talvez o recebam só uma vez em toda a vida. Mas saiba, Kate. Deus a abençoou com isso porque ele sabe exatamente o que você precisa e, no momento, é isso que você precisa.

— Mas o que significa? Por que não os detive?

— Kate, ninguém poderia ter detido a morte de Cristo. Era parte do plano divino para a salvação, *tinha* de acontecer, e Deus decidiu que aconteceria exatamente da maneira como foi. Ele não quer que você *interrompa*. Ele quer que você saiba que seu Filho morreu por *você*, porque ele ama você.

Inclino a cabeça obedientemente e tento pensar em tudo que ele disse. Entendo — mais ou menos —, mas, na verdade, ainda parece um pouco nebuloso.

Sentindo a mão de Mary Ellen na minha, viro-me para ela. Ela olha atentamente para meu rosto e aperta carinhosamente a minha mão.

— Kate, sei que agora você está sofrendo. Jesus também sofreu, por isso *ele sabe o que você está passando* — para de repente e toma fôlego. Ela arregala os olhos e dá um sorriso de deslumbramento e admiração. — Kate, acho, talvez... — ela percorre a nave da igreja com os olhos, como se procurasse uma resposta ali, antes de fixar o olhar na imagem de Maria. — Talvez você estivesse no lugar *dela*, no lugar de *Maria*. Ela assistiu ao sofrimento do Filho, a pessoa que ela mais amava no mundo. Ela o viu sofrer, exatamente como você está vendo sua mãe sofrer. Kate, talvez tenha sido *Maria* quem lhe deu essa intuição — ela agarra meus braços e me dá uma sacudida carinhosa. — *Maria*, a Mãe Santíssima. Ela quer que você saiba que ela *entende* o que você está passando, talvez de uma forma que *ninguém* mais possa entender. Ela quer ser mãe para você, agora, quando você mais precisa de uma.

Tia Mary Ellen me dá um abraço e começa realmente a rir. Parece a coisa mais ridícula do mundo que ela ria no momento mais horrível de nossa vida, mas também começo a rir! Ainda rindo, ela se levanta, puxando-me com ela, e me dá um leve empurrão para indicar que devo sair do banco. Então, me pega pela mão e me leva em direção à imagem de Maria, onde cai de joelhos e me puxa para seu lado.

Ainda com uma pontinha de risada na voz, ela ergue os olhos para a imagem e diz:

– Mãe Santíssima, nós te amamos. Sabemos que és nossa mãe também e que *nunca* ficamos sem mãe. Obrigada, Mãe Celeste. Obrigada pelo consolo que deste a Kate. Peço-te que continues com ela neste momento difícil. Sê mãe para ela, enquanto sua mãe terrena não pode sê-lo. Dá-lhe tua sabedoria, força e orientação. E sê mãe para Teresa também. Ajuda-a a voltar para si mesma, a ser a pessoa que ela costumava ser, a pessoa que nosso Senhor destinou que ela fosse.

Ela estende a mão esquerda e toca os pés da imagem, inclinando a cabeça.

– Obrigada por ser mãe de todos nós.

Ainda sorrindo, tia Mary Ellen volta-se para mim e aperta a mão que ainda segura.

– Você gostaria de dizer alguma coisa?

Sacudo a cabeça, silenciosamente, sem saber o que dizer, antes de voltar o olhar para a imagem e estender a mão direita, que está livre, para os seus pés. Fecho os olhos e sinto seu consolo, quase como se ela tivesse colocado um braço protetor ao redor dos meus ombros. Desfruto aquele momento, sem dizer nada, sem pensar nada, só apreciando a presença desta mãe que nem mesmo sabia que tinha.

Finalmente abro os olhos e olho para tia Mary Ellen. Ela esteve obviamente me observando, apreciando ser testemunha deste momento, o momento em que reconheço a Virgem Maria como *minha* mãe.

Tia Mary Ellen sorri, soltando a mão que tinha me esquecido que ela segurava, e pega seu rosário. Vira-se para tio Joseph, que agora está sentado no banco.

– Tudo bem – diz ela, alegremente. – Onde estávamos?

Ele junta-se a nós, e nos ajoelhamos diante da imagem e continuamos a rezar o rosário de onde havíamos parado.

Pisco, incapaz de uma transição tão rápida, a cabeça ainda girando com essa nova revelação. Entretanto, depois de algumas Ave-Marias, consigo me concentrar, mas agora é diferente. Meu foco nos mistérios é mais completo, e considero cada um do ponto de vista da Mãe Santíssima, comparando seu sofrimento com o meu e sabendo que ela *definitivamente* compreende o que estou passando.

Quando terminamos, estou chocada por me sentir tão calma. A esta altura, não estou paralisada, como estava quando me sentia como um robô, passando o dia mecanicamente. Estou bem ciente do ambiente e sou capaz de pensar no que se passa com mamãe, mas não me sinto mais tão apavorada com isso. De algum modo, sei que vamos superar.

Penso na semana que passou e percebo que este é o quarto rosário que rezo em oito dias, o que é, muito provavelmente, mais rosários do que rezei a vida toda até agora. Quando penso nisso, também percebo que toda vez que rezei o rosário, com Evelyn ou com tia Mary Ellen, eu me senti melhor depois.

Toda vez, senti *esperança*.

Saboreio essa sensação, querendo relembrá-la, e tendo a percepção de que a encontro justamente nesta oração do rosário que sempre julguei, assim, meio boba. Sinto-me culpada dizendo isso agora, mas a verdade é que achava inútil passar vinte minutos rezando, repetindo muitas vezes as mesmas palavras, como se elas fossem produzir alguma grande revelação espiritual, ou como se algum pedido especial pudesse ser concedido.

Agora sei que estava errada. Essa oração é poderosa. Produz realmente uma revelação espiritual, como a que tive hoje: Maria é minha mãe do céu. Quanto às graças, bem... Aquela primeira vez, Roger Billings *realmente* ligou quase no mesmo instante, depois de rezarmos para ter notícias da outra conta. E toda vez que rezo, em seguida me sinto melhor. Então, quando rezo, talvez me aproxime mais de Deus e, como resultado, isso me traga calma e paz?

Os pensamentos se amontoam em minha mente, e realmente não consigo ordená-los. É um alívio quando tia Mary Ellen se levanta, indicando estar pronta para ir embora assim que tio Joseph e eu quisermos. Sigo seu exemplo e, um momento depois, tio Joseph faz o mesmo.

— Aonde vamos agora? — ela pergunta, quando estamos no nártex da igreja.

— Bem, não comi muito no almoço... — olho para ela esperançosamente.

— Claro, podemos beliscar alguma coisa.

Ela olha interrogativamente para tio Joseph, que graceja:

— Eu topo! Podemos ir ao restaurante do mercado...

Preferia um hambúrguer, mas, de qualquer modo, aceno com a cabeça, sem querer parecer rude. Saímos da igreja em um silêncio harmonioso, cada um, provavelmente, imerso em seus pensamentos.

Capítulo Treze

Em nosso almoço tardio, decido fazer a tio Joseph a pergunta que me atormentou a noite passada.

— Tio Joseph, não entendo. Evelyn e eu rezamos o rosário sexta-feira passada, pedindo que encontrássemos outra conta do rosário. Em um minuto, o telefone tocou e era aquele senhor, Roger Billings, que achou três contas, certo? Então, domingo, tia Mary Ellen e eu rezamos o rosário por mamãe, mas, na verdade, no dia seguinte ela estava pior... e *agora* veja o que aconteceu. Evelyn e eu rezamos de novo a outra noite para encontrar mais contas e uma mulher telefonou, mas, na verdade, ela não ajudou absolutamente em nada. Só disse que deu a conta para seu irmão viciado em drogas e que depois não falou mais com ele. Então, o que não entendo é por que Deus respondeu àquela primeira oração, mas não às outras? Se o rosário *realmente funciona* e se a oração *realmente funciona*, por que isso não está acontecendo *agora*?

Tio Joseph entrelaça os dedos sobre a mesa à sua frente. Demora tanto para responder, que começo a imaginar que não existe uma boa resposta e que só vou ficar desapontada.

— Bem, Kate, só vemos um pedaço diminuto de nossa vida, mas Deus vê tudo. Ele sabe tudo. Então, aquilo pelo qual você reza... coisas que você quer ou pensa que quer... às vezes não estão em sintonia com a vontade divina para sua vida. Muitas vezes, Deus tem alguma coisa melhor para você – minha expressão torna-se duvidosa. Não vejo como minha mãe ir para uma clínica psiquiátrica possa parecer "alguma coisa melhor".

– Sei que é difícil entender. Sabemos que Deus nos ama. Ele não *quer* que coisas ruins nos aconteçam, mas ele as permite, porque deu a todos nós o livre-arbítrio. Porque é inteiramente bom e porque nos ama, Deus vai sempre tirar coisas boas do que é ruim. Nossa tarefa, então, por assim dizer, é confiar em Deus, reconhecer o bem e procurar meios de cooperar com o plano de Deus para nós.

Tia Mary Ellen concorda:

– Sabe, já vejo algumas coisas boas se realizando diante de tudo isso. Você fez essa conexão com a Mãe Santíssima, e isso não teria acontecido se você não estivesse tão transtornada com o que estava ocorrendo.

Inclino lentamente a cabeça e tia Mary Ellen continua:

– Sabe, talvez sua mãe só precisasse chegar a um ponto quando realmente tivesse de buscar ajuda – ela olha para tio Joseph, que inclina a cabeça, concordando. – Talvez buscar ajuda e internar-se em uma clínica seja o melhor jeito de ela voltar a ficar bem. Talvez... – agora ela está empolgada – seja bom para nós, eu, você e Joseph, passarmos este tempo juntos, o que não aconteceria se tudo estivesse bem, certo?

Inclino a cabeça, concordando mais uma vez, mas sei que não disfarço muito bem minha dúvida. Tia Mary Ellen recosta-se na cadeira e dá uma risadinha.

– Sabe, no dia em que mamãe morreu, todos nós recebemos uma cruz. Às vezes, odeio essa cruz e desejo que não tivéssemos de carregá-la. Mas, quando penso nessa cruz, agradeço a Deus a graça que ele me concedeu de poder suportá-la e entendo como ela me fortaleceu e me ajudou a chegar mais perto de Jesus e de Maria – ela faz uma pausa e me lança um olhar penetrante. – Estou me fazendo entender? – sacudo a cabeça e ela ri. – Bem, agradeço a sinceridade – ela diz e olha para tio Joseph. Ele assume o comando, mas suas palavras não ajudam em nada.

– Dedique algum tempo a pensar e rezar por isso também, Kate. Deus lança uma bênção em cada dificuldade. Deus é o *único* que pode fazer isso. Procure pelas bênçãos, mesmo estando diante desta situação.

Tenho outras perguntas que gostaria de fazer, mas minha mente está confusa com tudo o que disseram, por isso decido deixar para outra ocasião.

Tia Mary Ellen deve ter percebido que aquilo tudo é o bastante para mim. Assim, ela muda de assunto e começa a me perguntar sobre a escola e a próxima peça para a qual vou fazer um teste, e, também, questiona tio Joseph sobre os alunos iniciantes no seminário onde ele é reitor.

Terminamos de comer e voltamos para o carro, depois de nos despedirmos de tio Joseph. Estou admirada por me sentir bem melhor agora do que pela manhã e, então, lembro que tenho de fazer uma coisa.

– Tia Mary Ellen? – pergunto.

– Sim – ela responde, enquanto manobra o carro.

– Pode me levar à casa de Evelyn? Eu... eu preciso pedir desculpas a ela. Fui horrível esta manhã.

Tia Mary Ellen tira os olhos da estrada e me lança um olhar compreensivo. Ela me faz um carinho no joelho.

– Claro, querida. Posso sim.

Cinco minutos depois, chegamos à casa de Evelyn. Respiro fundo, antes de abrir a porta do carro.

– Daqui posso ir para casa a pé – digo.

Tia Mary Ellen sorri e faz que sim com a cabeça. É como se entendesse que preciso de um tempo a sós.

– Vou ligar para seu pai e avisá-lo – ela responde.

Retribuo seu sorriso nervosamente, feliz por ela ter pensado em telefonar para ele. É estranho, mas nem tinha me passado pela cabeça que papai poderia ficar preocupado comigo, se eu não chegasse logo em casa. Então, respiro fundo, caminho até a porta e bato, hesitante.

Evelyn atende a porta. Sua expressão é indecifrável. Dá um passo para trás e faz sinal para eu entrar. Entro na cozinha, grata por ver que, ao menos uma vez, sua mãe não está ali ocupada cozinhando.

Cutuco uma mancha no balcão de granito, sem saber bem o que dizer. Finalmente consigo falar:

– Desculpe.

– Tudo bem. Seu pai ligou para minha mãe, então já sei o que está acontecendo. Mas não sei por que descontou em mim – ela diz. Não posso culpá-la por não me desculpar facilmente.

– Não sei – digo sinceramente. – Eu só não queria conversar sobre isso, definitivamente não na escola. E achei que a coisa mais fácil a fazer era... fazer você ficar brava comigo, assim você pararia de fazer perguntas – arrasto o pé no piso de madeira. – Desculpe – repito, passando o olhar dos meus dedos para minha prima.

– Eu a perdoo, Kate – ela diz e me dá o abraço que eu precisava tanto. Então, se afasta e um sorriso ilumina seu rosto.

– E tenho novidades!

Vendo o brilho em seus olhos, sei que devem ser notícias de alguma conta.

– O quê! O que é? – pergunto, entusiasmada.

– Beth ligou enquanto estávamos na escola. Recebi o recado quando cheguei em casa. Não retornei porque, bem, achei que deveria esperar por você.

Dou um grito, agarro-a pelos braços e dançamos em círculos por um momento, entusiasmadas. Então, ela agarra minha mão e me puxa até o telefone da cozinha.

– Esse é o número dela – diz entregando-me um post-it. Olho o papelzinho fixamente, até que ela diz:

– Vamos, o que está esperando?

Agarro o telefone, digito o número e espero que atendam.

– Oi, Beth, é Katelyn Roberts. Você ligou e deixou um recado hoje cedo?

– Oh, sim. Desculpe não ter ligado antes. Tive notícias de meu irmão... na verdade, na terça-feira, no dia seguinte em que nos falamos. Fui vê-lo quarta-feira. Ainda não consigo acreditar, mas ele finalmente conseguiu... James passou pela reabilitação e completou o programa de recuperação na semana passada. Está com uma aparência surpreendente!

Beth faz uma pausa e percebo que estou boquiaberta. Evelyn, mais uma vez, está com a cabeça grudada na minha, para ouvir o que Beth diz. Aperta minha mão e pula entusiasmada, mas não move a cabeça, receosa de perder alguma coisa.

– Katelyn, contei a James que você estava procurando as contas do rosário. E, na verdade, ele quer conhecê-la. Parece pensar que a conta que lhe dei teve alguma influência em sua recuperação.

– É mesmo?! – exclamo. Finalmente, Evelyn afasta a cabeça da minha para me olhar com os olhos escancarados.

– Sim – ela responde. – Se você não se sentir à vontade, eu vou entender. E naturalmente eu iria com você e seus pais. James é realmente uma ótima pessoa quando está sóbrio.

À menção de meus "pais", engulo em seco.

– Eu vou ver com meu pai, está bem? Eu também gostaria de conhecê-lo. Acho que minha prima Evelyn vai querer ir, tudo bem? – meu coração está disparado e as palmas das minhas mãos um pouco suadas. Beth assegura-me de que Evelyn é bem-vinda e digo-lhe que retornarei depois de falarmos com nossos pais.

Evelyn vai correndo pedir à mãe dela, que fica um pouco preocupada por irmos nos encontrar com uma pessoa recém-recuperada do vício. Desconfio que meu pai vai achar a mesma coisa, mas Evelyn apresenta o argumento perfeito:

– Mamãe, já ajudamos os voluntários a distribuir comida para os sem-teto e no Centro São Vicente de Paulo. Eu achava que você *queria* que víssemos como as outras pessoas vivem.

Bingo! Ela acertou em cheio. Tia Susan olha Evelyn longamente e diz:

– Tem razão, Evelyn, é importante conhecermos pessoas com todos os tipos de experiências de vida. Vou me organizar para ir com vocês. Preciso conversar com seu pai, mas acho que ele vai concordar.

Evelyn atira os braços ao redor do pescoço da mãe.

– Obrigada! Obrigada! Obrigada! – então se vira para mim e diz: – Muito bem, agora vamos ao *seu* pai.

– Acho que ele vai dizer sim. Vai achar a mesma coisa que sua mãe – asseguro-lhe. Porém, percebo que, com tudo que aconteceu hoje, ligar para ele agora e pedir permissão não vai ser uma boa ideia. – É melhor eu ir para casa. Preciso ver como mamãe está e ajudar a fazer o jantar. Peço a permissão dele mais tarde e ligo para você. Está bem?

– Não precisa se preocupar com o jantar, querida! – diz tia Susan. – Tenho uma coisa no forno que vou levar para vocês. Posso lhe dar uma carona para casa, quando estiver pronto, certo? Deve ficar pronto daqui a meia hora.

Que alívio! Uma noite sem me preocupar com o jantar. Agradeço à tia Susan, mas digo-lhe que na verdade prefiro ir para casa a pé, se não houver problema. Ainda gostaria de ficar sozinha.

Depois de abraçar tia Susan e Evelyn, vou para casa sob o belo sol da tarde. Enquanto caminho, sinto um volume estranho no bolso e percebo que ainda estou com o rosário de tio Joseph. De repente, começo a me perguntar se deveria rezá-lo de novo, embora já tenha feito isso hoje. Lembrando como mais cedo me senti calma, decido seguir a inspiração e faço o sinal da cruz.

É a primeira vez *na vida* que rezo um rosário sozinha, e não me lembro de todos os mistérios. Sigo meio atrapalhada e, quando tudo o mais falha, recorro a lembranças da imagem que tive no início da tarde. Desta vez não é tão apavorante. Penso como Maria deve ter se sentido vendo o Filho sofrer um abuso tão terrível e como é para mim ver minha mãe passar por tanta coisa.

Acabo quando estou a um quarteirão de casa. Não me lembro das orações finais, a "Salve, Rainha" e a última, em que agradecemos a Jesus: "Jesus, nós vos agradecemos..." e depois alguma coisa mais. Mas imagino que Deus, Maria e Jesus vão ficar felizes por terem me ouvido rezar duas vezes no mesmo dia, ainda que eu não tenha feito isso com perfeição.

Ao me aproximar de casa, aquela calma maravilhosa me invade novamente e, quando entro pela porta dos fundos, recito uma pequena oração para que tudo esteja bem com minha família.

Papai me escuta abrir a porta e vem até a cozinha me receber com um abraço.

— Ei, querida. Parece que você teve um dia difícil.

— Sim, mas agora estou bem. Tia Mary Ellen foi muito legal e tio Joseph também.

– Ótimo. Desculpe não ter podido buscar você, mas... – ele deixa a sentença no ar, não querendo dizer as palavras.

– Eu sei, papai. Tudo bem. Mamãe precisava de você. Tia Mary Ellen e tio Joseph foram realmente ótimos substitutos – eu lhe garanto. – Como mamãe está?

– Ela está bem... Tão bem como se pode esperar. A clínica é realmente boa e as pessoas foram muito gentis. Vão cuidar bem dela.

Dou um jeito de sorrir.

– Ótimo. É bom ouvir isso.

Papai me dá outro abraço.

– Então, o que fez com seus tios que a deixou tão bem assim?

Sinto-me um pouco sem jeito ao lhe contar e não menciono muitos detalhes.

– Na verdade, paramos na igreja de Santa Joana d'Arc para rezar e depois fomos comer, porque eu não tinha conseguido almoçar e estava morrendo de fome. Conversamos sobre... muitas coisas – concluo sem jeito.

– Bem, ótimo. Fico feliz em saber que tiveram a oportunidade de conversar. Mary Ellen e sua mãe são muito apegadas e tenho certeza de que Joseph teve muita inspiração e deu ótimos conselhos.

Aceno com a cabeça. Se ele soubesse! Mas tenho certeza que, se começasse a contar que Maria é minha segunda mãe, ele me olharia como se estivesse crescendo outro nariz no meu rosto. Acho que há coisas que aparentemente é melhor deixar de dizer. Talvez algum dia eu lhe conte.

– Hum! Papai? – indago, hesitante.

– Sim, querida?

– Bem, Evelyn recebeu o telefonema de uma mulher com quem conversamos segunda-feira. Há algum tempo, ela encontrou uma das contas. Tinha as iniciais do irmão dela, J.C.L., por isso ela deu a conta para ele. Ele é... bem, ele era sem-teto e viciado em drogas. Quando conversamos na segunda-feira, ela não havia tido mais contato com ele, desde que lhe deu a tal conta. Mas hoje ligou para nos dizer que ele entrou em contato com ela terça-feira e que frequentou um programa de recuperação e agora está sóbrio – continuo apressada. – Ele... ele quer nos conhecer. Acha que a conta teve alguma coisa a ver com sua cura e, bem, você sabe como é bom para nós conhecer gente com formação e experiências de vida diferentes e tudo...

– O quê? – papai pergunta, parecendo um tanto surpreso.

– Bem, eu tinha esperança de que talvez pudéssemos ir conhecê-lo – concluo, então olho para ele com meus mais doces olhos suplicantes.

– Bem, você e Evelyn, com toda a certeza, não vão sozinhas!

– Não, claro que não! Tia Susan já disse que vai conosco e você também pode ir, se quiser.

– Kate, com a ausência de sua mãe, estou sobrecarregado. Detesto deixar Gwen e Paul sozinhos aqui, não é tão fácil assim. E acho que levá-los juntos seria um pouco demais. Quando vocês pensam em ir?

– Não sei... eu gostaria de ir logo... este fim de semana, talvez?

– Acho que não há problema em ir, mas eu realmente gostaria de ir com você.

Percebo o lado "masculino" superprotetor de papai vindo à tona. Ele, claro, não acha que tia Susan seja suficiente para nos proteger de um sem-teto viciado em drogas e potencialmente instável. Acho que ele tem certa razão.

Felizmente, eu já tinha pensado nisso.

– E se Gwen for para a casa de tia Susan e tio David para ficar um pouco com Ava, e Paul for para a casa de tia Mary Ellen brincar com Daniel? – sugiro esperançosa.

– Talvez isso dê certo. Podemos perguntar a tia Susan, quando ela trouxer o jantar daqui a pouco. Você pode ligar para a tia Mary Ellen e perguntar sobre Paul? Tenho um trabalho que realmente preciso pôr em dia, pois hoje não estive no escritório.

– Sim! Sim, vou ligar! – vou correndo até o telefone, então percebo que esqueci alguma coisa. Corro de volta para papai, atiro os braços ao redor de seu pescoço e lhe dou um forte abraço.

– Muitíssimo obrigada, papai!

Ele devolve meu abraço do seu jeito caloroso e esmagador de *pai*. Eu me descontraio em seus braços, antes de me soltar para resolver o que é preciso.

Meia hora depois, já havia falado com minhas duas tias e com Beth, e os planos estão todos acertados. Amanhã à tarde vamos encontrar James, o ex-sem-teto e viciado em drogas, potencialmente instável, em uma cafeteria no centro. Mal posso esperar!

Capítulo catorze

Sentada na cafeteria à espera de Beth e seu irmão James, sinto-me nervosa. O que se diz a alguém que, alguns meses antes, era sem-teto e viciado em drogas? Será que ele é esquisito? Será que tem dentes? Será que sua pele está toda marcada e descascando, como as imagens que vi de caras viciados em metanfetamina? Mexo com as franjas de minha blusa vermelha que está no meu colo e olho ansiosamente ao redor.

Nem me lembrei de perguntar a Beth como ela é ou o que estaria vestindo. Pelo que sei, já estão aqui. Há várias mesas com um homem e uma mulher, mas todos parecem bem interessados um no outro, não como se estivem esperando alguém. Então, mantenho os olhos na porta, esperando que passem por ela a qualquer minuto.

Quinze minutos mais tarde, ainda não chegaram. Evelyn, tia Susan e eu brincamos de jogo de forca em um guardanapo. Papai está claramente ficando um pouco irritado. Tínhamos planejado esperar e pedir algo para beber quando eles chegassem, mas papai empurra a cadeira para trás.

— Vamos pedir algo para beber. Talvez isso ajude a esperar. Kate, pegue meu celular. Por que você não tenta ligar para Beth enquanto faço os pedidos?

Ele pergunta o que cada um vai beber e dirige-se ao balcão. Pego o número de Beth no bolso, agradecida por papai ter me lembrado de trazê-lo.

Infelizmente, quando a secretária eletrônica atende, percebo que o único telefone que tenho de Beth é o do trabalho e, obviamente, no sábado ela não está lá.

Porém, exatamente nesse momento um homem e uma mulher entram porta adentro e olham ao redor. A mulher é alta, esbelta e bonita, com abundantes cabelos ruivos cortados em camadas que lhe emolduram o rosto. O homem parece mais velho que ela, o que me surpreende, pois ela mencionou que era seu irmão mais novo. Ele está de barba feita, mas tem a pele marcada e o cabelo bem grisalho.

O olhar da mulher se fixa em nós, quando ela me vê observando-os. Ela sorri hesitante, retribuo o sorriso e eles se aproximam de nossa mesa, no exato momento em que papai chega com as bebidas.

Todos nos levantamos para fazer as apresentações e, então, tia Susan vai ao balcão pegar café para Beth e o irmão. James fala com uma voz grave e amistosa de barítono.

– Desculpem o atraso. Comecei a trabalhar na missão e precisei ajudar a resolver uma situação – imagino qual teria sido a "situação", mas James obviamente não está preparado para falar a respeito. Tendo acabado de conhecer o sujeito, com certeza não vou perguntar.

Ele puxa uma cadeira para a irmã, espera que ela se sente, então se senta também, enquanto o restante de nós faz o mesmo. Tia Susan volta com o café deles e senta-se exatamente quando James começa:

– Então, soube que vocês procuram por isto – ele põe a conta no centro da mesa.

Em silêncio, aceno com a cabeça. Ele parece bastante amistoso, mas me sinto intimidada. Suponho que seja por saber de seu passado. O fato de lhe faltarem vários dentes também não ajuda.

James pega a conta de novo, olhando-a fixamente, enquanto a segura na palma da mão, como se fosse um objeto de estimação, em vez de apenas uma pequena conta.

– Há algo de especial nesta conta. Mas vocês já sabem disso, não é? É por isso que a estavam procurando.

Aceno de novo com a cabeça, mas não digo nada.

– Minha irmã deve ter lhes contado um pouco da minha história, mas tenho certeza de que ela não entrou em detalhes. Sempre fui reservado e ela respeita isso. Mas sinto que devo contar a história toda, ou ao menos mais do que normalmente contaria a alguém que acabo de conhecer. Então, lá vai. Beth e eu perdemos nossos pais quando ela tinha 19 anos e eu 16. Mamãe morreu de repente de um ataque do coração e papai alguns meses depois – James torce a boca com amargura. – Isso deixou Beth responsável por mim, o que não devia ser fácil, pois eu era um adolescente muito rebelde e tentava fingir que não estava sofrendo. Eu já andava com a turma errada e, quando meus amigos começaram a consumir drogas, o mais fácil foi seguir o mesmo caminho. Sabem, eu queria fugir da vida, da perda de meus pais e de ser dependente de minha irmã mais velha.

Beth dá um sorriso meio triste.

– Começamos a fumar um pouco de maconha nos finais de semana. Não parecia grande coisa. Então, um dia um amigo arranjou um pouco de metanfetamina. Todos concordamos em experimentá-la, só uma vez, e depois nunca mais faríamos isso de novo. Porém, não foi assim tão fácil. Uma vez não foi o bastante. Eu queria mais e estava disposto a fazer qualquer coisa para conseguir a droga. Roubei a Beth... peguei tudo que encontrei. Tudo para conseguir a dose seguinte. Finalmente, ela teve de me expulsar de casa.

Ele olha para Beth, cuja fisionomia está cheia de culpa. Ela começa:

– Ainda me sinto muito mal por causa disso, mas não sabia mais o que fazer...

– Não, Beth, você fez o que devia. Eu acabaria roubando tudo que você tinha – ele se vira para mim e Evelyn: – Eu estava fora de mim. Não me importava com ninguém nem com nada, exceto com o que fazer para conseguir a dose seguinte. Acabei indo morar em uma comunidade de sem-tetos perto do canal. Todos tinham seu lugarzinho. Consegui achar alguns paletes e com eles fiz uma barraca. Era um lugar perigoso e era preciso ficar alerta o tempo todo, porque a maioria das pessoas era como eu... dispostas a qualquer coisa para conseguir a droga. Fiquei zangado por Beth me expulsar de casa, por isso não entrei em contato com ela durante muito tempo. Porém, depois pensei que ela pudesse me dar dinheiro ou ao menos alguma comida. Então, finalmente liguei para ela e, depois disso, eu ligava a cada dois meses mais ou menos. Ela se encontrava sempre comigo, o que tornou constante nosso local de encontro. Eu sabia que estava partindo seu coração, mas simplesmente não conseguia parar. Ela me trazia comida e muitas vezes também trazia roupas, meias, sapatos, coisas assim. Mas não dinheiro. Nunca dinheiro. Ela sabia o que eu faria com ele.

James passa a mão no rosto que está franzido e macilento como o de um velho.

– De todos os meus amigos que começaram a consumir drogas comigo, só um largou o vício. Três deles estão mortos, ou por overdose ou por alguma coisa estúpida que fizeram por causa da metanfetamina. Dois estão na cadeia, um deles por homicídio, o outro por assalto à mão armada – ele fica um tempão olhando para seu café. – Sim, tenho sorte de estar vivo. Ou eu deveria dizer: sou abençoado – ele levanta os olhos, encarando cada um de nós e, então, olhando para a irmã.

– Pedi desculpas a Beth no começo desta semana. O que fiz foi terrível, indesculpável e não a culparia por se recusar a me perdoar.

O lábio inferior de James treme um pouco e Beth segura a mão dele, apertando-a para tranquilizá-lo.

– Devo minha recuperação a ela, por não ter desistido de mim, e a esta conta – ele ergue a conta entre o polegar e o indicador. – Beth me disse que é de um rosário, e não me surpreendi. Fomos educados como católicos, mas, quando mamãe e papai morreram, deixei de ir à missa, de rezar e de crer. Eu simplesmente não entendia como Deus podia deixar uma coisa ruim dessas acontecer. Beth continuou a frequentar a Igreja e acho que foi a fé que a fez ser tão generosa e amorosa todos esses anos e tão... incrivelmente pronta a perdoar.

James olha de novo para Beth e, então, olha para mim.

– No outono passado, senti um impulso irresistível de ligar para minha irmã. Achei um cartão de telefone e resolvi tentar o orelhão. Liguei e combinamos de nos encontrar e aí ela me deu esta conta. Esta simples continha, em uma corrente barata. Aceitei só para deixá-la feliz. Mas, sinceramente? Eu estava pensando em quanto conseguiria se a empenhasse ou trocasse. Envergonho-me de admitir que estava tentando pensar em um traficante de drogas que tivesse iniciais iguais às minhas: J.C.L. Felizmente não encontrei ninguém e ainda tinha a conta em volta do pescoço no dia seguinte, quando o efeito da droga que ingeri logo depois de meu encontro com Beth passou – ele sacode a cabeça como se ainda se esforçasse para acreditar na história que ia contar. – Eu estava em minha barraquinha, encolhido contra o frio ar matinal, tremendo do jeito que sempre tremia, quando o efeito da droga acabava. De repente, minha barraca ficou muito quente e parei de tremer. Uma mulher estava na minha frente.

Calafrios percorrem-me a espinha. Evelyn agarra meu braço e nos entreolhamos rapidamente, enquanto James continua:

– Ela era *linda*, muito *linda mesmo*, mas, na verdade, isso não tinha nada a ver com seu rosto ou cabelo ou com algo desse tipo; era sua *alegria*. Havia tanta alegria nela, que dava para ver em seu rosto, e ela realmente *iluminou* minha barraca.

James solta a conta e inclina-se para a frente na cadeira, agarrando a ponta da mesa:

– Ela não disse nada, mas eu sabia quem ela era. Maria. Não sei como sabia. Eu simplesmente *sabia*.

James faz uma pausa e aceno silenciosamente com a cabeça, enquanto olho em volta da mesa. Beth tem os olhos marejados e tia Susan uma expressão cheia de admiração, enquanto papai parece duvidar educadamente. Os olhos de Evelyn estão arregalados com o choque e o alvoroço. Volto a me concentrar em James, quando ele continua:

– Eu também sabia por que ela estava ali... para ajudar a me endireitar. Comecei a pensar nas coisas terríveis que tinha feito e nas pessoas que tinha magoado, mas também na pessoa que poderia me tornar: irmão digno de confiança, amigo leal, talvez até marido, pai... – ele sorri, olhando em torno da mesa. – Naquele momento decidi obter ajuda. A mulher deu um sorriso ainda mais radiante que antes e me estendeu os braços – o rosto de James se ilumina. Ele fecha os olhos, parecendo saborear a lembrança antes de abri-los, e diz simplesmente: – Então ela desapareceu.

Recosta-se na cadeira, e um olhar de deslumbramento volta-lhe ao rosto.

– Eu poderia jurar que a corrente com a conta ainda estava em volta do meu pescoço. Eu nunca a tirava. Mas, de alguma forma, percebi que segurava a conta na mão. Tenho *certeza* de que não a coloquei ali – sacode a cabeça, como se ainda tivesse dificuldade de acreditar em tudo aquilo, enquanto o restante de nós ficamos olhando embevecidos. – Levei algum tempo para recuperar a presença de espírito, mas, quando consegui, pus de volta a corrente no pescoço, juntei meus poucos pertences e fui até a missão – ele olha para Beth como se fizesse uma promessa: – Estou limpo desde então e nunca mais vou voltar a ser como antes.

Agora James inclina-se de novo para a frente e olha para Evelyn, depois para mim.

– Então, como vocês podem ver, acredito que esta conta é especial. Mas acho que já sabem disso.

Não consigo pensar em nada para dizer depois de uma história tão surpreendente. Olho para papai sentado à minha frente e fico espantada por ver que ele parece um pouquinho... aflito. Mas, então, ele fala e fico chocada com o que diz.

– Sim, James, você está certo. Até aqui sabemos de três pessoas, além de Kate, que estão com uma dessas`contas e que também passaram por acontecimentos extraordinários. Não acreditei, e ainda não tenho certeza se acredito, mas parece que há alguma coisa de especial nelas.

Evelyn chuta-me com força debaixo da mesa e dou um pulo. Todos olham para mim, por isso sinto que tenho de dizer alguma coisa. Acrescento:

– Sim, uma garota teve um acidente de carro realmente grave, mas não se machucou, e uma menininha foi curada de câncer. E agora tem você... – faço uma pausa. – E a forma como achei *minha* conta, bem... também foi especial, mas ainda não aconteceu nenhum milagre.

Agora tia Susan fala:

– Pode ser que haja outro tipo de milagre para você, Kate. Talvez encontrar a primeira conta e descobrir todas estas histórias surpreendentes... talvez tudo isto esteja operando um milagre em seu *coração*.

Percebo que ela tem razão. Esta continha que giro agora entre os dedos, que está pendurada em meu pescoço: achá-la e procurar as outras, ouvir os milagres que aconteceram... Esta continha trouxe-me a Mãe que eu não sabia que tinha, uma oração tranquilizante pela qual nunca me interessei antes e a fé em um Deus no qual posso realmente confiar e acreditar.

Inclino a cabeça lentamente ainda girando a conta entre os dedos.

– Acho que tem razão, tia Susan – olho-a nos olhos. – Acho que você está certa.

Capítulo quinze

Despedimo-nos de Beth e James com abraços e apertos de mão. De alguma forma, depois de nosso breve encontro, parece que nos sentimos próximos uns dos outros, apesar de termos acabado de nos conhecer. Todos felicitamos James por sua recuperação e prometemos informar ele e Beth sobre quaisquer outras contas que encontrarmos.

James contou que um homem, com aquelas mesmas iniciais, acabara de dar entrada na missão, então ele estava pensando em dar-lhe a conta na esperança de que ela também levasse o sujeito a recuperar-se. Concordamos que seria uma ótima ideia, embora eu sinta uma pontada de culpa por não recuperar a conta de tia Janey.

Estou ansiosa para conversar com papai a respeito do que ele disse sobre as contas serem especiais, mas não posso fazer isso com Evelyn e tia Susan no carro. Quando as deixamos na casa delas, pegamos Gwen e, então, vamos à casa de tia Mary Ellen buscar Paul.

Quando chegamos, tia Mary Ellen convida-nos a ficar para o jantar. Papai e eu nos entreolhamos, sorrimos e aceitamos agradecidos. Tia Mary Ellen não é nenhuma tia Susan no departamento culinário, mas hoje ela está fazendo frango frito à moda chinesa, o que soa muito melhor que as sobras requentadas que eu estava planejando.

Papai pede licença para ir falar com tio Bob, enquanto Gwen segue o barulho das crianças que brincam no porão. Puxo um banquinho na cozinha e observo enquanto minha tia prepara a comida. Ela me pergunta do nosso encontro e eu conto tudo a ela. Seus olhos brilham e, quando termino de contar a história, ela diz:

– Deus não é surpreendente? A maneira como ele age. Uau! – ela não fala durante alguns minutos, parecendo ponderar tudo que aconteceu, e faço a mesma coisa.

Sim, acho que Deus é muito surpreendente, não é?

Então começo a pensar na pequena Hannah e na conta de mamãe.

– Tia Mary Ellen?

– Sim? – ela levanta os olhos dos morangos que está cortando.

– Você acha que se recuperássemos a conta de mamãe, isso poderia dar a *ela* alguma ajuda especial?

Tia Mary Ellen olha para os morangos, mas suas mãos permanecem paradas. Ela sacode a cabeça e me olha com ar triste.

– Não sei, querida. Talvez sim. Mas não são realmente as contas que estão fazendo essas coisas. Você sabe disso.

– Você tem razão. Mas talvez tenha alguma coisa a ver com elas. Sabemos onde está a da mamãe, mas é longe demais para simplesmente ir pegá-la. Além disso, por significar tanto para Hannah, papai diz que não devemos pedi-la de volta... – de repente, tenho uma ideia e digo alegremente: – E se eu trocasse com ela? E se eu lhe desse minha conta e em troca ela me desse a da mamãe?

Tia Mary Ellen acena com a cabeça.

– Bem, sim... isso pode funcionar, se você tem certeza que não se importa de ficar sem a sua. Sei que ela é muito especial para você. Mas ainda vai precisar achar um jeito de fazer a troca.

Meus ombros se curvam.

– É, você tem razão.

– Por que não usa o correio, Kate? Simplificaria muito as coisas.

Sacudo a cabeça com determinação.

– De jeito nenhum. Lembra-se há alguns anos, quando mamãe mandou o presente de tia Liz para Denver e ela nunca o recebeu? – Mary Ellen concorda com um aceno de cabeça e continuo: – Não quero correr nenhum risco de perder estas contas – sacudo de novo a cabeça com determinação.

– Entendo, Kate, entendo mesmo. Mas não vejo como você faria uma viagem à Flórida, com tudo isso que está acontecendo.

Tenho outra ideia e me atrevo a pedir:

– *Você* poderia me levar.

Obviamente a assustei e ela fica um pouco irritada.

– Kate, tenho cinco filhos para cuidar. Não posso simplesmente deixá-los e ir até a Flórida de repente.

Ela tem razão. Foi imprudência minha pedir, mas não posso deixar de me sentir um pouco confusa e totalmente desapontada. Tento disfarçar meus sentimentos e dou um leve sorriso, mas não consigo olhá-la nos olhos.

– Eu sei. Desculpe, eu não devia ter pedido – digo.

Tia Mary Ellen larga a faca, dá a volta na mesa e vai até onde estou sentada no banquinho. Põe a mão no meu joelho.

– Não precisa se desculpar, Kate. Eu entendo. Gostaria de ir, mas não sei como conseguir fazer isso – ela me dá um abraço e aperto os olhos para impedir que as lágrimas recomecem. Por que toda vez que as pessoas são simpáticas eu tenho vontade de chorar?

Percebo tardiamente que estou sentada sem fazer nada, enquanto tia Mary Ellen pica, cozinha e limpa, então pergunto o que posso fazer para ajudar. Ela me manda pôr a mesa e fico feliz não só de ter alguma coisa com que ocupar as mãos, mas também uma desculpa para esconder meu rosto e minhas emoções de seus olhos perspicazes demais. Arrumo a mesa da cozinha para as crianças pequenas e a da sala de jantar para os adultos e as crianças maiores.

O telefone toca exatamente quando tia Mary Ellen está chamando todos para a mesa. Ela olha o identificador de chamadas e decide atender. Fala alguns minutos, então vem para a sala de jantar.

— Era Susan. Ela está convidando a família toda para o almoço amanhã, depois da missa.

— Maravilha! — declaro e, então, lembro-me de perguntar: — Papai, podemos ir?

— Não sei, querida. Ficamos fora o dia todo hoje e há muitas coisas que preciso fazer. Vou pensar a respeito e avisar tia Susan quando chegarmos em casa, está bem?

— Está bem — digo, desapontada.

Depois da oração, o jantar transcorre tranquilamente e me ocorre que meu pai está sentado aqui, cercado pela família de minha *mãe*, não aquela em que ele cresceu, e que, apesar disso, ele parece contente. Compreendo que isso é uma bênção. Tenho amigas na escola que contam que a mãe não se dá com a família do pai ou que o pai não se dá com a família da mãe. Parece que o que temos é bem raro e — especialmente agora que mamãe não está aqui e os pais de papai estão longe, na Carolina do Sul — é bom ter esta bela família extensa. Acho que não posso culpar papai pelo fato de que passar o sábado todo com a família de sua esposa já ser o suficiente, e por ele desejar ter algum tempo para si no domingo.

O jantar está delicioso. Depois me ofereço para arrumar a cozinha e chamo os dois filhos mais velhos de tia Mary Ellen, Thomas e Zach, para me ajudar. Quase terminamos, quando volto à sala de jantar para limpar a mesa e ouço, por acaso, tia Mary Ellen conversando com papai em voz baixa.

— Mike, espero realmente que vocês consigam ir à missa e à casa de Susan amanhã de manhã.

— Mary Ellen, eu gostaria, mas realmente tenho de pôr em dia uma porção de coisas.

— Entendo, Mike, e posso levar as crianças, se você quiser. Mas acho que elas gostariam que você lhes fizesse companhia. No momento, você é o refúgio delas, e mais do que nunca elas precisam de você.

Ouço papai raspar a garganta e o imagino passando a mão pelos bastos cabelos castanhos.

— Sei que você está certa. Mas isso está me afetando bastante também e preciso de algum tempo para me preparar para o que a semana me reserva.

— Bem, pense a respeito, Mike. Como disse, eu entendo. Faço gosto em pegar as crianças e levá-las à missa e, depois, à casa de Susan, se você preferir.

— Vamos ver como me sinto depois desta noite, e de manhã eu mando uma mensagem, está bem? Você pode se adiantar e avisar Susan que as crianças, pelo menos, participarão do almoço?

Sentindo-me culpada por escutar às escondidas e percebendo que a conversa acabou, saio da sala de jantar na ponta dos pés e volto à cozinha. Não vejo os meninos em parte alguma, apesar de ainda haver alguns pratos para lavar e balcões para limpar. Ponho a mão na massa e, dez minutos depois, afasto-me examinando orgulhosamente meu trabalho — uma cozinha brilhando de tão limpa. Em seguida, vou para a sala de estar, onde papai e tio Bob estão discutindo o próximo sorteio da Liga Nacional de Futebol. A conversa deles logo me deixa entediada e vou procurar Thomas e Zach, que estão jogando videogame, enquanto Gwen assiste e Maria está ali por perto penteando os cabelos da boneca. Paul está do lado de fora jogando basquete com Isaac e Daniel. Não tendo nenhum interesse em videogames, bonecas e basquete, decido que está *definitivamente* na hora de ir para casa. Felizmente, quando volto à sala de jantar, a conversa de papai e tio Bob está menos acalorada, e papai concorda quando sugiro que está na hora de irmos embora. Tiramos Paul à força do jogo de basquete, enquanto Gwen levanta-se alegremente, obviamente entediada com o videogame dos meninos.

A caminho de casa, parece muito esquisito que mamãe não esteja conosco. Penso no que ela deve estar fazendo esta noite. Será que eles têm um aparelho de tevê? Ela estará lendo um livro? Ou eles têm algum tipo de encontro organizado para as noites de sábado? Será que rezam, ou há algum tipo de serviço religioso onde ela está? E se tiverem, ela participaria? Meu palpite é que não.

Sentindo-me culpada, percebo que, embora seja estranha a ausência de mamãe, não sinto falta da pesada camada de tristeza que cercava nossa família sempre que ela estava por perto durante o último ano. Olho pela janela do carro e procuro não pensar no assunto.

O domingo amanhece completamente encharcado, com uma sensação de frio no ar. Pus o relógio para despertar e acordo às sete e meia. Papai já se levantou e está no escritório, trabalhando no computador.

– Oi – digo, encostada na porta do escritório.

– Bom-dia, querida – ele se vira na cadeira e me dá um sorriso. – Você dormiu bem?

– Sim. E você?

– Já tive noites melhores – seu sorriso não chega até os olhos.

– Podemos ir à missa e à casa de tia Susan? – pergunto, esperançosa.

– Eu realmente não posso ir, querida. Mas sua tia Mary Ellen vai levá-los, está bem?

– Sim. Está bem, papai – tento esconder meu desapontamento. Gostaria muito que ele fosse. Depois que ele reconheceu ser provável que as contas tivessem algum poder especial, estava com esperança de que talvez...

– Papai?

– Sim, querida?

– Ontem, quando nos encontramos com Beth e James, você disse que talvez as contas *sejam* especiais.

Papai se mexe na cadeira e olha para o computador.

– Sim, eu disse isso, não disse? – percebo a tristeza em sua voz.

– Então, você falou sério? – pergunto.

– Bem, Kate, acho que você já tem idade para termos esta conversa. Sou realista. Não acredito em coisas que não vejo. A ideia toda de existir um "Deus" em algum lugar lá fora, bem, simplesmente não entendo como isso é possível, sabe? Mas sempre respeitei o desejo de sua mãe de criar vocês como católicos, e percebo que crer em alguma coisa facilita a vida das pessoas. Só que eu simplesmente nunca fui capaz de crer. Meus pais não são religiosos, mas me ensinaram bons valores, autoconfiança e a ser responsável, e é com base nisso que sempre agi.

Ele respira fundo.

– Às vezes, a família de sua mãe me deixa perplexo. Sua avó, bem... havia nela uma... uma paz. Ela passou por momentos incrivelmente difíceis e manteve uma força e uma paz que não eram nada menos que *notáveis*. Ela sempre disse que era a fé que a sustentava. Quando seu avô morreu, ela perdeu o melhor amigo. Porém, havia uma espécie de... *alegria*. Lembra-se disso? – ele levanta os olhos para mim, com ar interrogativo.

Aceno a cabeça, recordando.

– Sim. Ela me disse certa vez que o sofrimento dele tinha acabado e que ele havia sido um homem tão maravilhoso, que ela tinha certeza de que ele estava em um lugar melhor.

Papai sorri.

– Exatamente. Ainda me lembro da *esperança* em seu rosto – ele se recosta na cadeira, pensativo. – E aí tem a sua tia Mary Ellen e o jeito como ela leva a vida. E também seu tio Joseph, que dedica a vida a servir como sacerdote e é muito *feliz*. Quero dizer, ele desistiu de *tanta* coisa, mulher, filhos, carreira, e, ainda assim, é uma das pessoas mais felizes que conheço.

Papai dá de ombros e olha sem ver a tela do computador.

– Sempre descartei toda essa coisa de religião, e pensava que algumas pessoas simplesmente precisam crer em alguma coisa maior ou ter outra pessoa no comando. Mas, então, você achou aquela continha. Não quero chamar as histórias que você ouviu de *milagres*, mas não há como negar que elas são surpreendentes. Sendo eu realista, não as descarto como mera coincidência, pois parece que a coisa vai além disso. Então, querida, estou pronto a admitir que há alguma coisa especial acontecendo. Penso nas pessoas de fé que conheci, vovó, Mary Ellen, Joseph. Quando conheci sua mãe e a família dela, achei que a gentileza deles fosse resultado de serem parte de uma família tão grande. Então conheci Natalie, você lembra, do escritório?

– Sim, ela foi muito legal.

– Exatamente, e imaginei que ela tivesse uma formação semelhante... uma família grande, amorosa. Mas, então, soube que o pai dela era abusivo e que a mãe a abandonou. E, ainda assim, veja como ela se saiu bem. Ela certamente ilumina o nosso escritório.

Ele dá de ombros.

– De qualquer forma, tudo isso me faz pensar que talvez, apenas talvez, pode realmente haver algo em toda essa coisa de Deus. Mas não estou pronto a dar, eu mesmo, saltos de fé, ao menos não ainda e, provavelmente, isso ainda levará muito tempo.

Aceno com a cabeça, tentado entender. Sempre soube que meu pai não era *religioso*, mas ele nunca tinha me explicado seu ponto de vista. Sinto-me triste por ele. Claro, minha fé nem sempre foi das mais sólidas, mas sempre soube que havia um Deus, alguém que era *realmente grande* e que me amava. Penso na minha jornada destas últimas semanas e como em um espaço de tempo tão curto minha fé se tornou tão importante para mim e como me trouxe tanta paz e calma em um momento tão difícil. Tento imaginar como seria passar por tudo isto *sem* minha fé, e a verdade que estou realmente feliz por não ser assim.

Olho para minhas mãos, que estive torcendo à minha frente, e, depois, para papai.

– Tem certeza que não quer ir à missa conosco hoje? – pergunto em voz baixa.

– Sim, querida. Tenho certeza. Como eu disse, tenho muito que fazer. E ir à missa... bem, eu estaria me forçando de várias maneiras.

Aceno de novo, decidida a rezar por meu pai, e vou para a cozinha tomar café, antes de ir para o chuveiro e me aprontar para a missa.

Tia Mary Ellen nos pega cedo, para todos rezarmos o rosário antes da missa. Gwen e Paul não estão contentes com isso, mas conseguem ficar sentados sem demonstrar muito aborrecimento. A missa ganhou novo sentido para mim, enquanto penso no que papai disse sobre vovó, tia Mary Ellen, tio Joseph e Natalie e a força de sua fé. Penso no fato de milhões de pessoas no mundo celebrarem a mesma missa, ouvirem as mesmas leituras, em centenas de línguas diferentes, e todas receberem a Eucaristia. Presto muita atenção, e observo coisas pequenas, que normalmente não reparava, como ser *certo* não cantarmos o Aleluia durante a Quaresma. Percebo que minha família está passando pelo momento mais triste e mais difícil, quando a Igreja concentra-se no tempo mais triste e mais difícil da história: a morte de Cristo.

Quando vamos para a casa de tia Susan, sento-me no banco da frente. Gwen está atrás com a pequena Maria. Paul vai com os outros filhos de tia Mary Ellen e tio Bob na caminhonete deles. A chuva continua a cair e os limpadores de para-brisa movem-se rapidamente pelo vidro.

Quase gritando para ser ouvida acima da chuva forte, tia Mary Ellen aborda um assunto que eu, de alguma forma, não tinha nem mesmo considerado.

— Tio Matthew e tia Janey e tio Jonathan e tia Kathy vão estar lá hoje. Acho que você mesma deve contar a eles a respeito das contas.

— Uhhh — gaguejo. Não sei por que a ideia de contar a meus tios e tias me deixa tão nervosa. Em geral, adoro ser o centro das atenções, e guardar um grande segredo é privilégio raro e incomum. Mas a simples ideia de compartilhar este segredo específico faz minhas mãos suarem e meu coração acelerar.

Gwen inclina-se para a frente:

— Eu conto para todo mundo! Acho legal!

Olho-a com raiva. Eu definitivamente não quero que ela compartilhe minha história.

Pigarreio, olhando para os limpadores de para-brisa que vão de um lado para o outro.

— Eu farei isso — digo, mas ninguém me ouve por causa do barulho da chuva.

— Você quer contar a eles? — tia Mary Ellen diz em voz alta, sem ter consciência de minha resposta anterior.

Ela olha para mim e aceno com a cabeça, enquanto começo a pensar no que vou dizer.

Quando chegamos, olho em volta da cozinha cheia de membros da família e tenho um acesso de tristeza por não ver meu pai. Tinha esperança de que ele viesse, apesar de ter dito que tinha muito que fazer. Sua presença facilitaria bastante tudo isto.

Depois que todos comeram, tia Susan manda as crianças pequenas irem assistir a um filme no porão. O restante de nós – os adultos, Dylan, Evelyn e eu – nos reunimos na grande sala. Alguns se sentam em sofás e cadeiras que foram levadas para lá ou ficam em pé, encostados na porta, na lareira e na mesa. Outros até se sentam no chão. É uma cena aconchegante, todas estas pessoas que se importam umas com as outras e que não se veem com muita frequência. A chuva bate forte na vidraça, mas dentro de casa está quente e confortável.

Tia Mary Ellen anuncia que tenho alguma coisa que gostaria de compartilhar. Todos os olhos se voltam para mim, quando começo minha história, partindo do princípio, quando encontrei minha conta no campo. Incluo todos os detalhes, menos um – evito citar o nome de James ou mencionar suas iniciais. Não quero que tia Janey saiba que poderíamos ter recuperado sua conta, mas não o fizemos. Quando chego ao fim, há muitas perguntas, algumas lágrimas e muito alvoroço. Tio Joseph me sorri calorosamente e, então, vira-se para o restante da família.

– Ouvi pela primeira vez a história de Kate na semana passada. Mary Ellen me chamou e pediu que eu transmitisse minha "sabedoria sacerdotal" – ele declara com um sorriso afetado. – É uma história surpreendente, principalmente porque aconteceu com a nossa família.

Mas quero lembrar a todos que o importante é mantermos o foco em Deus. É fácil ouvir uma bela história como essa e começar a pensar que há algum tipo de "magia" acontecendo. Isso é perigoso e também é errado – ele olha em volta da sala, inclina-se para a frente na cadeira e acrescenta: – Deus e sua graça é que estão em ação aqui. Por meio da Igreja, Deus nos dá os sete sacramentos e também nos dá sacramentais. Sacramentais são *coisas* como contas do rosário, medalhas religiosas e crucifixos.

Ele aponta o crucifixo em cima da porta.

– São sinais ou símbolos de fé e se destinam a nos ajudar a viver nossa fé mais plenamente. Ajudam a nos conduzir para a graça divina, mas não têm nenhum poder próprio. Parece que os acontecimentos surpreendentes que Katelyn nos relatou estão associados às contas, mas eles não vêm realmente das *contas em si*. São respostas às orações que foram rezadas em cada uma dessas contas, durante muitos anos, por uma mulher de muita fé que confiava em Deus: mamãe – ele acrescenta carinhosamente. – E talvez também sejam resultado de Maria, nossa Mãe Santíssima, rezar conosco e por nós. Essas histórias nos mostram o quanto Deus nos ama, o quanto ele nos escuta e atende nossas orações. A oração é poderosa. Mamãe tinha conhecimento do poder de rezar o rosário e muitos de nós também experimentamos isso. Creio que tudo isso nos faz lembrar que todos estamos ligados e que, mesmo uma única oração, um Pai-Nosso ou uma Ave-Maria, *conta*. *É esse* o poder de uma única conta do rosário.

Capítulo Dezesseis

— Tio Joseph?

— Sim, Kate?

— A conta de mamãe... está lá na Flórida com Hannah, a menininha que sofria de câncer. Você... você acha que devemos ir buscá-la?

— Bem, mais uma vez, a conta, em si e por si só, não possui nenhum poder especial. Dito isso, há muitas histórias de acontecimentos milagrosos em torno dos sacramentais. Já ouviu falar na Santa Madre Teresa de Calcutá?

— Sim — respondo. — Fiz uma pesquisa sobre ela no ano passado. Ela serviu aos pobres na Índia e fundou as Missionárias da Caridade, certo?

— Isso mesmo — ele se vira partilhando a história com todos na sala. — Recentemente ouvi falar de um homem que conheceu Madre Teresa em um avião e ela lhe deu um rosário. A experiência de conhecê-la levou-o de volta à fé. Ele deu o rosário a um amigo que estava doente e, depois que essa pessoa experimentou uma cura milagrosa, eles emprestaram o rosário a outros amigos e parentes que, na opinião deles, poderiam beneficiar-se com ele. A notícia se espalhou e ele começou a receber pedidos de todos os cantos dos Estados Unidos. Eles enviavam o rosário pelo correio para todo o país e todos que rezaram com o rosário experimentaram cura, consolo e paz.

Inclino a cabeça, lembrando-me de que, na Índia, alguns anos depois que Madre Teresa morreu, uma mulher teve um tumor enorme, mas então acordou certa manhã e o tumor tinha sumido. As Missionárias da Caridade tinham rezado pela intercessão de Madre Teresa. O Papa reconheceu essa cura como milagre e Madre Teresa foi beatificada – o primeiro passo para ser designada santa – alguns anos depois.

Concentro a atenção em tio Joseph, enquanto ele continua:

– Assim, embora uma conta do rosário em si e por si só não possua poder, Deus pode fazer uso de um objeto, uma situação ou uma pessoa, ou, aliás, *de qualquer coisa*, para nos dar sua graça.

Ele dirige o olhar para mim.

– Respondendo à sua pergunta: sim, Kate, acho que ter aquela conta seria bom para sua mãe, que estar com ela a ajudaria a lembrar que Deus ainda está presente para ela, que ele sempre esteve.

Prendo a respiração. Essas palavras, vindo do sacerdote da família, deram-me esperança. Será que finalmente *alguém* vai *concordar* em ir à Flórida?

É justamente Dylan quem resolve falar:

– Eu a levarei à Flórida.

Tia Susan contorce o rosto horrorizada.

– Não, não levará, meu jovem.

– O quê? Tenho 18 anos! Não há motivo para eu não ir. Podemos ir no feriado de primavera. Manterei o limite de velocidade... o caminho *todo*.

– Sinto muito, Dylan, mas não vou deixar. Já ouvi muitas histórias de garotos que vão à Flórida no feriado e... – ela sacode a cabeça. – Simplesmente não dá. Não é seguro – ela respira fundo. – Eu farei isso.

Corro para tia Susan, que está empoleirada no braço do sofá, e atiro os braços ao redor de seu pescoço.

– Jura? Obrigada, tia Susan!

– Kate, não vai ser uma viagem de diversão. É um longo caminho até lá e não vamos parar para ver a paisagem. Dylan pode ir conosco para revezar na direção. Aliás, Evelyn também pode ir, e vocês duas também podem guiar parte do caminho. Desse jeito, ninguém tem de guiar tempo demais e vocês, garotas, ganham mais experiência antes de tirar a carteira de motorista. Vamos no fim de semana, assim David ficará aqui com Ava – ela vira para tio David: – Claro, se você concordar – acrescenta como uma reflexão posterior.

Tio David costuma ser muito tranquilo e desta vez não é exceção. Inclina a cabeça e sorri para tia Susan:

– Sim, querida. Tudo bem.

Tia Susan olha para mim:

– E naturalmente, seu pai também tem de aprovar, Kate.

Papai não concorda muito facilmente com a ideia, mas, depois de muita insistência e argumentação, acaba permitindo que eu vá. Ele insiste para pegarmos o carro de mamãe, que ele afirma ser mais seguro que o de tia Susan.

Papai liga ao sr. Billings para pegar o número do telefone da filha dele e aí liga para a Flórida, colocando a chamada no viva voz. A mãe de Hannah atende.

– Alô, sra. Layton. Sou Mike Roberts e minha filha Kate está aqui comigo.

Do outro lado da linha há um murmúrio educado, mas curioso.

– Acredito que sua filha Hannah tem três contas de rosário especiais que seu pai deu para ela?

– Oh, sim! É a família a quem elas pertenciam? Queria agradecer vocês por nos deixar ficar com elas. Parece que realmente realizaram um milagre em Hannah.

– Sim, sra. Layton. As contas eram do rosário de minha sogra. Ficamos muito contentes em saber da recuperação de Hannah e felizes por ver que as contas tiveram um papel importante nisso – papai olha para mim escolhendo com cuidado as palavras seguintes. – Sra. Layton, uma das contas que estão com Hannah tem as iniciais de minha mulher, Teresa. Teresa está meio... doente ultimamente e tínhamos esperança de que talvez...

– Ah, vocês gostariam de pegar de volta a conta dela? Claro! É sua... dela... nunca poderíamos ficar com a conta, se sua esposa precisa dela. Ficarei feliz em enviá-la pelo correio...

– Não! – falo em voz alta. – Tenho medo que se perca no correio. Minha tia ofereceu-se para me levar aí para buscá-la. Estamos combinando de ir no próximo fim de semana.

– Oh, claro. Isso é possível, sim. Quando acham que vão chegar? Vão precisar de um lugar para ficar?

– Hum. Não tenho certeza da hora que vamos chegar. Mas, sim, um lugar para ficar seria... ótimo. Não vai dar muito trabalho?

– Trabalho nenhum! Ficaremos honrados em recebê-los. Como eu disse, essas contas proporcionaram a Hannah um milagre e gostaríamos de fazer tudo que pudermos para ajudá-los.

– Sra. Layton?

– Sim?

– Hannah vai sentir falta da conta? Ela precisa ter três? Porque se ela precisa, eu tenho uma conta, com as minhas iniciais, que posso dar a ela. Só preciso que minha mãe fique com a que pertence a ela.

– Não creio que isso seja necessário. Adoraríamos ficar com a que tem as iniciais de Hannah, se não há ninguém em sua família que a queira, mas Hannah está tão bem... Não precisamos ficar com todas as três.

– Está bem – digo, aliviada.

Papai intervém:

– Sra. Layton, nós ligaremos quando os planos de viagem estiverem decididos. Quatro pessoas vão viajar até aí: minha cunhada, Susan, seus dois filhos mais velhos e Kate. Tem certeza de que não se importa em hospedar tantas pessoas em sua casa?

– Por favor, me chame de Melanie, e, não, não me importo, em absoluto. Todos foram incrivelmente generosos conosco durante a doença de Hannah. Será maravilhoso voltar a ficar ao lado de pessoas generosas. Nós os aguardamos ansiosamente.

A semana se arrasta. É esquisito mamãe estar ausente por tanto tempo. No passado ela e papai viajaram em alguns fins de semana, mas ela nunca esteve ausente mais que alguns dias. Papai vai visitá-la terça-feira à tarde e volta parecendo triste, cansado e solitário. Percebo que estou contente porque as regras da clínica me proíbem de ir visitá-la.

A caminho de casa, papai pegou comida para viagem em um restaurante mexicano, e todos ajudamos a desembrulhar as batatinhas, o molho, os tacos e os burritos, antes de nos sentarmos à volta da mesa.

– Como mamãe está? – finalmente pergunto, cansada do silêncio tenso.

– Ela está bem. Começaram a dar remédios para ajudar a equilibrar seu humor e... bem, ela não parece ela mesma. Mas parecia um pouco mais feliz. Disseram que hoje ela passou por duas sessões de terapia em grupo e também um encontro individual com o orientador. Consegui conversar com o assistente social e ele acha que ela estará pronta para voltar para casa daqui a duas ou três semanas.

Nenhum de nós sabe como reagir a essa notícia, por isso o silêncio volta a cair em torno da mesa.

— Tirei "A" na prova de Álgebra — digo, na esperança de aliviar a atmosfera.

Papai me dá um leve sorriso:

— Isso é ótimo, querida.

Gwen diz o que tem para dizer:

— Tirei "A" na prova de História!

— Bom trabalho, querida — papai dá para Gwen o mesmo meio sorriso.

Paul não diz nada, embora todos os olhares se voltem para ele. Finalmente papai arrisca:

— Paul, como você está se saindo na escola?

— Bem.

— Teve alguma prova recentemente? — papai pergunta.

— Sim. Mas não fui muito bem.

— Mamãe costuma ajudá-lo nos estudos — explico.

— Ah! — agora papai tem uma expressão de culpa. — Bem, tem alguma prova amanhã? Podemos estudar juntos depois do jantar — papai se oferece esperançoso.

— Não, mas fiz um trabalho de Matemática que foi muito difícil. Será que você pode dar uma olhada? — Paul admite.

Papai se recosta na cadeira e passa a mão cansada no rosto.

— Desculpem, crianças. Sei que sou um péssimo substituto da mamãe. Eu nem sei tudo o que ela fazia, e acho que mesmo que tivesse a lista completa na minha frente, ainda assim não conseguiria fazer tudo

– ele fecha os olhos e belisca o nariz. – Vou tentar melhorar. Por favor, só... me avisem quando eu não perceber alguma coisa, está bem?

– Está bem, papai. Avisaremos. E Gwen e eu também podemos ajudar Paul. Não é, Gwen?

Gwen parece ligeiramente horrorizada, mas acena com a cabeça:

– Sim, podemos ajudá-lo – diz com relutância.

– E a semana que vem vai ter feriado, então será melhor... não haverá dever de casa nem provas com que se preocupar – digo alegremente.

– Obrigado, meninas. Agradeço a ajuda de vocês.

Sua gratidão me enche de ternura. A vida está realmente uma droga, mas é bom poder ajudar.

Finalmente, na manhã de sábado, eu, Evelyn, Dylan e tia Susan nos amontoamos no carro de mamãe e partimos de Indianápolis para Pensacola, na Flórida. Embora eu saiba que passaremos só uma noite lá, aguardo com ansiedade o tempo mais quente. Nestes últimos dias, parece que o inverno voltou a Indiana e tenho esperança de que talvez possamos passar ao menos alguns minutos em uma praia de verdade. Adoraria ver o Golfo do México, ouvir o barulho das ondas e sentir a areia entre os dedos.

A princípio, Evelyn e eu tagarelamos entusiasmadas, mas logo o atrito do carro no asfalto e a passagem enfadonha de trigais nivelados e despovoados nos acalmam. Acabei o primeiro volume da trilogia que comecei a ler a semana passada e estou fazendo progresso na sequência. Enquanto nosso carro devora os quilômetros entre Indianápolis e Pensacola, é como se a inquietação do último ano ficasse para trás, e sinto-me levemente culpada por deixar papai, Gwen e Paul sozinhos. Sei que são só dois dias, mas quem vai cozinhar para eles? Quem vai lavar a roupa? Quem vai pôr e tirar a louça da máquina? São responsabilidades que cabem a mim, como a mais velha. Enquanto prosseguimos, levanto os olhos do livro, contemplo toda aquela terra cultivada e imagino voltar para casa e encontrar uma família emagrecida, que não come há dias, e louça suja por toda parte.

Sacudo a cabeça, percebendo como meus pensamentos são bobos. Papai é perfeitamente capaz de tomar conta da casa e de seus dois filhos durante alguns dias. Porém, é bom sentir-se útil. Parte de mim tem esperança de que, quando eu voltar para casa, eles estejam ansiosos e me implorem para fazer o macarrão com carne moída de novo.

Depois de duas horas de viagem, comemoramos a passagem de Indiana para Kentucky, olhando para o rio Ohio da ponte gigantesca que o atravessa, ligando os dois estados. Paramos para almoçar no sul de Kentucky e logo apreciamos as verdes colinas onduladas do Tennessee. Duas curtas horas depois, estamos no Alabama e tenho certeza de que a viagem deve estar chegando ao fim. A viagem não foi nem de longe tão ruim quanto eu esperava. Nem percebi direito que o Alabama é o estado mais longo do mundo, ou assim parece. Cinco horas depois, ainda estamos viajando, mas exatamente quando penso que a viagem nunca vai acabar, vejo um cartaz: "Bem-vindo à Flórida". Logo depois disso, começamos a ver a animação dos subúrbios de Pensacola.

O pai de Hannah é da Marinha e eles moram perto da base naval. Viajamos um pouco pela estrada da praia, antes de entrar em um modesto bairro tranquilo. A casa de Hannah é térrea, pintada na cor pêssego tropical, com uma palmeira no jardim da frente e sempre-vivas com galhos pendendo sobre os fundos da casa. Ainda nem descemos do carro, quando uma mulher sai pela porta da frente com uma menininha agarrada a seu lado. A mulher tem longos cabelos castanhos presos em um rabo de cavalo, e veste uma saia florida combinando com uma camiseta cor-de-rosa.

A menininha, que deve ser Hannah, tem cabelos castanhos encaracolados curtos que emolduram um rosto adorável com enormes olhos azuis. As mãos estão manchadas de azul e ela também tem manchas azuis na testa e debaixo do nariz. Acho que interrompemos um projeto artístico.

A mulher estende a mão para tia Susan, quando ela desce do banco do motorista.

– Oi, você deve ser Susan – ela diz efusivamente. – Sou Melanie. É um grande prazer conhecê-la.

– Oi, Melanie. Prazer em conhecê-la também. Aposto que esta é a Hannah – tia Susan abaixa-se para ver melhor a menininha.

– Sim, esta é a Hannah – a mãe põe carinhosamente a mão na cabeça da menininha, despenteando seus cabelos com um sorriso e, então, olha para mim, Evelyn e Dylan.

– Oi, sou Kate – digo –, esta é minha prima Evelyn e este é Dylan. Ele também é meu primo – termino sem jeito.

Melanie estende a mão para cada um de nós, murmurando cumprimentos gentis.

– Entrem, entrem. Vocês devem estar exaustos depois da longa viagem. Meu marido tira as malas do carro depois. Ele deve chegar em casa a qualquer momento – ela nos conduz para dentro da confortável casinha. – Tenho limonada e biscoitos prontos para vocês e lasanha no forno.

Sorrio, lembrando o comentário do pai dela, de que a esposa, mãe dela, sempre tinha limonada e biscoitos prontos para as visitas. Há alguma coisa agradável em lembrar-se desse jeito de alguém que se ama.

Melanie nos acompanha à sala de estar, que tem dois sofás, um grande e um pequeno, além de uma poltrona. Evelyn senta-se no sofá pequeno e eu me afundo a seu lado. Tia Susan e Dylan sentam-se no sofá grande.

Melanie senta-se na poltrona, inclinando-se para nós, e seu ar de calorosa acolhida transparece. Ela balança o joelho para cima e para baixo e torce as mãos nervosamente.

– Eu... – ela passa a língua nos lábios – ... receio ter algumas notícias. *Más* notícias.

Evelyn e eu nos entreolhamos e meu coração começa a bater mais forte. Não gosto da voz dela.

– Nem pensei em pedir a conta da Hannah até agora há pouco – Melanie começa. – Quando pedi, ela me disse que deu uma das contas para sua amiga do hospital. Essa amiga está seriamente doente e a cirurgia foi marcada para segunda-feira. Passamos bastante tempo com essa família. Tínhamos falado das contas, e percebemos que uma delas tinha as iniciais de Tara. Fomos visitá-la ontem e acho que, enquanto eu conversava com a mãe de Tara... bem, Hannah quis dar à amiga alguma coisa que ela achava que poderia ajudá-la – Melanie aperta os lábios e olha-me nos olhos. Meu coração congela. Sei o que está por vir. – É a conta de sua mãe. Não está mais com a Hannah. Ela a deu para a Tara.

Fico sentada bem quieta, sem ousar mover-me. Sinto que todos me olham, esperando minha reação. Fecho os olhos, desejando que tudo desapareça. A sala está silenciosa. Silenciosa demais. Sinto uma lágrima passar pelas pálpebras fechadas e escorrer pelo meu rosto.

Sem jeito, Evelyn acaricia meu joelho, mas ainda não abro os olhos. Ouço o som de tia Susan levantando-se do sofá, depois o clique de seus sapatos no piso. Abro os olhos, quando sinto suas mãos nos meus joelhos, e a vejo agachada à minha frente. Ela olha no fundo dos meus olhos, o rosto cheio de simpatia, e faço a pergunta que gira na minha cabeça:

— Por quê? Por que sempre tem de ser para *outra* pessoa? — tia Susan me abraça, enquanto meu queixo treme e as lágrimas começam a cair para valer.

Capítulo dezessete

Estou consciente de estar sendo uma completa boba, chorando no ombro de tia Susan na frente de todo mundo. Porém, no momento eu realmente não me importo, e passar esses longos momentos chorando me dá tempo de digerir o que acabei de saber, sem ter de reagir de nenhuma outra forma.

Quando começo a me acalmar, meus pensamentos entram em foco e sei que tenho de dizer alguma coisa. Poderia pedir para irmos pegar a conta do rosário – *imediatamente*. Afinal, é o que realmente quero fazer, e uma grande parte de mim está registrando mentalmente todas as razões pelas quais seria certo fazer exatamente isso.

Então, penso na menininha mais linda que se possa imaginar, com cabelos castanhos claros emoldurando um rosto de grandes olhos castanhos e uma boca com uma curva adorável. Vejo-a conectada a fios e tubos e ouço o bip, bip, bip de máquinas que estão monitorando sua respiração e o ritmo do coração, e a mantendo viva. Imagino-me entrando no quarto pisando duro, uma garota mimada de dezesseis anos, uma criança grande, comparada com a sábia menininha na cama. Vejo-me estendendo a mão, exigindo que ela me dê a conta do rosário – uma conta que lhe foi dada de presente, um presente de carinho e amor inocentes, um presente destinado a acalmar seus medos e dar-lhe esperança de cura.

Um presente que não posso tirar dessa menininha.

Mesmo reconhecendo isso, ainda me agarro a esperanças. *Talvez pudéssemos ficar até segunda-feira e pegar a conta depois da cirurgia?* Faço a pergunta para mim mesma.

Não. Ela vai precisar de tempo para sarar. Semanas, talvez até meses. Nem mesmo sabemos o que há de errado com ela, diz meu lado mais bondoso, mais gentil.

Talvez pudéssemos mandar fazer uma conta nova, exatamente como a outra, e dar a ela, diz meu exigente lado infantil – meu lado eu-quero--o-que-quero-e-quero-agora.

Não, não seria a mesma coisa e você sabe disso. É o meu lado mais nobre de novo.

Agora as lágrimas se foram e tia Susan me solta de seu abraço, sentando-se sobre os joelhos. Ela me olha com preocupação e amor.

Dou um pálido sorriso, enxugando os olhos na manga da camiseta.

– Estou bem – consigo dizer. Depois: – Mas gostaria de alguns momentos a sós. Tudo bem se eu for dar um passeio?

Tia Susan dá um aperto carinhoso nos meus braços:

– Claro, querida.

Melanie acrescenta em voz baixa:

– A vizinhança é só uma grande curva. Se você ficar nesta rua principal, achará o caminho de volta sem problemas.

Quando me levanto para sair, Hannah entra correndo na sala, segurando nas mãozinhas uma grande folha de papel. Eu nem tinha percebido que ela não estava conosco, quando nos sentamos na sala de estar, mas suponho que ela deva ter ido acabar aquele projeto artístico. Respingos prateados e amarelos acrescentaram-se às manchas azuis em suas mãos e sua blusa tem um grande borrão verde esparramado na frente. Quando ela percebe que estou olhando para ela, anda mais devagar e olha para o chão. Aproxima-se e me dá o papel, que agora vejo estar mergulhado em tinta.

Hannah me lança um olhar rápido, antes de voltar a olhar para os pés.

– Desculpe – murmura.

Estudo a pintura desta pequena artista de quatro anos. Reconheço o céu azul, com um brilhante sol radioso e grama verde embaixo. Há uma figura do lado esquerdo da pintura, usando um vestido azul, com o que parecem ser cabelos azuis. Do lado direito, há três figuras em pé, uma alta, as outras duas menores, todas se dando as mãos. Vestem saias cor-de-rosa, portanto, todas devem ser meninas. A mais alta está no meio, com as duas menores dos lados, cada uma segurando um círculo – um colar – na mão que está livre. Um dos colares tem uma única conta. O outro tem duas.

Sento de novo e estudo a pintura. Uma lágrima cai no papel.

– Que lindo! – sussurro e dou para a menininha meu melhor sorriso pálido.

Ela se apoia em meu joelho e começa a apontar para as figuras:

– Esta sou eu e esta é Tara – diz, apontando primeiro para a menina de cabelos castanhos, depois para a de cabelos loiros. Agora apontando para a figura mais alta, ela diz: – Essa é você. Eu não pude acabar o desenho antes porque não sabia que cor era o seu cabelo – ela olha para minhas calças jeans e a camiseta azul e diz: – Já tinha pintado a saia – obviamente desapontada com sua falta de realismo. Em seguida aponta para a mulher vestida de azul: – Essa é a Mãe Santíssima – diz com orgulho. – Ela esteve sempre comigo no hospital, depois que vovô me deu o colar.

Surpresa, ergo os olhos para a mãe dela. Não sabia que eles eram católicos. Os olhos de Melanie se enchem de lágrimas e ela toca com os dedos a cruz que tem no pescoço. Ela sacode a cabeça e sussurra:

– Não somos católicos – pigarreia e diz mais claramente: – Não sei de onde veio tudo isso, mas, depois que papai lhe deu as contas, ela começou a falar de uma mulher vestida de azul que ficava com ela no hospital sempre que não podíamos estar lá e, às vezes, até quando estávamos. Então, um dia começou a chamá-la de Mãe Santíssima. Isso não fazia sentido, até papai me contar de onde as contas vieram realmente... – ela sacode a cabeça, incrédula. – Ainda não faz sentido, faz? – sussurra.

Sacudo a cabeça e sorrio para Hannah.

– Eu amei – digo. Sinto as lágrimas voltarem e puxo Hannah para um abraço. Ela vem prontamente até mim e põe os braços ao redor de meus ombros, enquanto escondo o rosto nos anéis de seus cabelos. – Obrigada – sussurro em seus cabelos.

Hannah inclina e cabeça e me dá um abraço apertado.

Depois de alguns momentos, Hannah senta-se no meu colo e aconchega-se no meu peito. Por enquanto, abandono todas as ideias de fazer o passeio e simplesmente aprecio o afeto desta doce e amável criança inocente. Penso em tudo que ela passou, em tão pouco tempo de vida, e queria poder dar mais do que apenas esta proximidade.

Finalmente, Hannah ergue os olhos para mim.

– Mamãe disse que sua mãe está doente – inclino a cabeça. – Dei uma conta para Tara, mas ainda tenho duas. Quero dar uma delas para sua mãe.

– Tudo bem, Hannah. Tenho uma conta que posso dar a minha mãe. Quero que você fique com essas duas. Quem sabe você encontra outra criança doente que precise de uma das contas?

Hannah parece aliviada e ergue os olhos para mim com um enorme sorriso.

– Ótimo. Porque conheci um garoto, o Leo. Leo começa com L, certo?

– Certo – digo em tom incentivador.

– Minha outra conta tem um L, então eu ia dar para ele.

– Acho que isso seria maravilhoso, Hannah.

Tendo obtido minha aprovação para seu plano, Hannah pula do meu colo e vai brincar, ou talvez criar outra pintura. Por um momento, a sala fica silenciosa.

– Acho que vou dar aquele passeio agora... Tudo bem? – pergunto.

Melanie faz que sim com a cabeça e tia Susan responde:

– Claro, querida. Mas não demore muito, está bem?

Ao sair pela porta da frente, aprecio a sensação do ar quente, grata pela interrupção do início da primavera ainda frio em Indiana. Viro à direita e sigo a rua principal, como Melanie aconselhou. Sentindo um volume estranho no bolso da calça, percebo que meu rosário ainda está ali, onde eu o coloquei quando partimos, depois de rezarmos por uma viagem segura. Tiro do bolso e aprecio a sensação das contas em meus dedos. Passo o polegar pelo corpo de Cristo no crucifixo e me vejo começando a rezar.

Meia hora depois, percebo que estou algumas casas abaixo da de Melanie e Hannah. Acabei o rosário e me perdi em pensamentos por alguns minutos. Mais uma vez, a oração me fez sentir muito mais calma e posso pensar nos acontecimentos do dia e até das últimas semanas.

Percebo agora que preciso confiar em Deus, que mamãe vai melhorar. Que, embora as contas pareçam mesmo proporcionar uma graça especial, como tio Joseph disse, elas não são o *único* meio para ajudar ou curar alguém. É possível ajudar mamãe por meio de minhas orações, de minha fé e das orações dos outros.

De fato, percebo que talvez só ouvir as histórias de curas que aconteceram já vai ajudar mamãe. Sabendo que a morte de vovó não foi em vão, mas que, ao contrário, suas orações – por Emma, Hannah e James – foram atendidas. E suas orações por nós estão sendo atendidas também.

Enquanto caminho, penso nas pessoas que conheci nas últimas semanas e agradeço a Deus por elas terem entrado em minha vida. As histórias de todas elas tornaram-se muito importantes para mim e senti uma ligação extraordinária com Hannah, Emma e James, e até com Chelsea, Beth e o sr. Billings. É como se todos aqueles que tiveram a vida tocada por estas contas muito especiais agora possuíssem um laço especial uns com os outros.

Agradeço a Deus pelas vidas que ele salvou, pela graça milagrosa que flui destas contas por meio das orações e pela intercessão de Maria e, provavelmente, de minha avó.

Penso em minha fé e em minha vida de oração. Há cinco semanas, embora estudasse em uma escola católica e costumasse ir à missa todo domingo, Deus era, na verdade, apenas uma ideia vazia, que pairava lá fora, como uma certeza de que um ser superior realmente existia. Hoje, Deus passou a ser essencial para minha existência. Cristo tornou-se presente para mim, como meu Salvador, e sua Mãe Santíssima tornou-se a chave para que crescesse minha amizade por ele.

Lembro-me do sonho que tive quando tudo isso começou. O campo, com as plantas que tentavam me prender, o mar de contas e ser levada através dele para chegar perto de vovó e da mulher que agora sei que é a Mãe de Jesus e minha também. Aquele mar de contas deve, com certeza, ser cada oração que vovó fez por mim e pelos membros de nossa família. Essas orações tinham tanto poder que, na verdade, levaram-me aos pés da Mãe Celestial, que eu não conhecia.

Paro de caminhar e olho para o rosário em minha mão. Girando uma conta entre o polegar e o indicador, entendo o que acontece.

Estas contas *possuem* realmente um poder especial. Mas não é magia e não é o enredo de alguma história de ficção científica. O poder de uma única conta está inteiramente no poder de uma única oração.

E cada única oração tem um poder impressionante – o poder de Deus, que escuta, cura e ama.

Uma única conta do rosário. Uma única oração. Graças e possibilidades ilimitadas.

Capítulo Dezoito

Por fim, ergo os olhos da conta que tenho na mão e sorrio para o mundo à minha volta, um mundo revigorado com fé e esperança. O sol está se pondo à minha frente e percebo que fui muito mais longe do que pretendia. Imagino que em meu devaneio devo ter passado direto pela casa de Melanie e por isso viro-me para seguir na direção oposta, esperando não ter ido mais que a metade do caminho na segunda vez.

Cinco minutos depois, aproximo-me da casa e tia Susan está sentada no degrau da varanda da frente. Ela também segura o rosário na mão, não me deixando dúvida do que esteve fazendo sozinha do lado de fora.

Quando subo os degraus, tia Susan ergue os olhos para mim com um sorriso curioso. Retribuo o sorriso e ela respira aliviada. Ela se afasta e bate no degrau perto dela. Sento-me e olho pensativa para as flores do outro lado da alameda.

Tia Susan rompe o silêncio.

– Estive pensando – diz, pegando o rosário do colo. – Bem, eu estava rezando e acho que me distraí um pouco. Lembra-se da história que tio Joseph contou sobre o rosário da Santa Teresa de Calcutá, que parecia fazer milagres para as pessoas que estavam com ele? Obviamente nem todo rosário faz milagres. Aquele rosário devia ser especial por causa da santa que rezou com ele.

Faz sentido, por isso aceno com a cabeça. Tia Susan continua:

— Não há como negar que alguma coisa especial também acontece com essas contas. Mas, exatamente como o rosário de Madre Teresa, essas contas nos mostram o poder das muitas orações rezadas nelas e a fé da mulher que as rezou. Talvez vovó tenha encontrado um lugar especial ao lado de Maria. Imagino as duas lá em cima, amolando Jesus a todo momento com os pedidos das pessoas que estão com as contas. Você não imagina?

Aceno lentamente com a cabeça. Há umas duas semanas tio Joseph disse alguma coisa parecida.

— Se você tem uma conta, então com certeza lá no alto elas rezam por você, certo? E imagino que agora sua oração número um seja por sua mãe. O que pensei é que, talvez elas já tenham dado a você tudo o que precisa para ajudar sua mãe, só que demoramos um pouco para reconhecer isso.

Agora fiquei perdida, por isso olho para ela confusa.

— Já procurou saber o que está *realmente* errado com sua mãe? — tia Susan pergunta.

— Ela está com depressão, não é? — respondo indecisa.

— Bem, sim, isso é verdade. Mas *por que* ela está com depressão? Quando tudo começou?

— Começou quando o avião de vovó caiu. E ela ficou muito mal depois do memorial, há algumas semanas, e até pior depois que ficou sabendo da minha conta do rosário.

— Certo — tia Susan diz. — Então, ela está com depressão porque nossa mãe morreu. Porém, se o motivo é esse, por que os outros irmãos não estão deprimidos? Com certeza, todos sentem falta da mamãe, mas eles conseguiram passar pelo processo de luto da maneira normal e saudável. Sim, parece que para Liz levou um pouco mais de tempo do que

Mary Ellen, e foi diferente para Joseph do que como foi para David, mas todos aceitaram a morte de sua avó e conseguiram continuar com suas vidas. Então, por que essa morte afetou sua mãe tão mais duramente? Por que *ela* não conseguiu seguir em frente?

Dou de ombros. Acho que na verdade não tinha levado meus pensamentos tão longe.

Tia Susan vira-se no degrau para me olhar de frente.

– É a *fé*, Kate. Fé. Mary Ellen, Joseph, Liz, David, Matthew e Jonathan, todos eles têm uma fé muito forte. Foi a fé que os amparou. Eles *sabem* que sua avó era uma mulher boa, uma mulher santa e, quando ela morreu, eles *tinham certeza* que Deus seria bom para ela. Claro, eles ofereceram inúmeros rosários e missas pelo descanso eterno de sua alma, mas o tempo todo tiveram fé de que, embora não saibam exatamente o que acontece com uma alma quando a pessoa morre, a mãe deles iria passar a eternidade junto de Deus, no céu. E conseguem celebrar a vida da vovó mesmo enquanto lamentam sua perda. Sua mãe... – tia Susan desvia o olhar de mim, tentando encontrar as palavras certas. – Bem, sua mãe não cresceu realmente na fé, ao menos não desde que a conheço. Seu tio David lembra-se de que Teresa pareceu afastar-se de suas crenças, quando foi para a faculdade. Ela abandonou a Igreja e nunca voltou realmente. Então, ela não tem um relacionamento forte com Deus, de forma que ele consiga ajudá-la a recuperar-se.

Tia Susan olha para mim como se tivesse solucionado o maior mistério do mundo e eu devesse dar pulos de alegria, mas ainda não entendo.

– Ótimo – digo, um pouco perturbada. – E como isso nos dá a resposta mágica para todos os problemas de mamãe? Como falar de seu *relacionamento com Deus* pode ajudá-la a melhorar?

Percebendo a irritação em minha voz, tia Susan põe a mão em meu joelho.

– As *contas*, Kate. Elas fornecem a resposta. Sua mãe ouviu todas essas histórias surpreendentes? – sacudo a cabeça. – Creio que ela deveria. Você sabe, milagres têm mais de um propósito. Claro, oferecem cura, proteção e graça. Mas milagres também ajudam a construir a *fé*. As bênçãos ligadas às contas do rosário da vovó asseguram-nos de que as orações dela ainda são atendidas. Estava tudo bem na nossa frente, só não tínhamos percebido.

– Então você está me dizendo que mamãe vai melhorar da noite para o dia se eu contar a ela todas essas histórias? – pergunto, incrédula.

– Não, mas acho que as histórias parecem mesmo um tanto milagrosas e que ouvi-las talvez a ajude a passar pelo processo do luto. Talvez ela consiga acreditar que nossa mãe *está mesmo* em um lugar melhor. Talvez se disponha a reconstruir sua fé, de modo a poder apoiar-se em *Cristo* durante o restante do luto.

Faço que sim com a cabeça à medida que começo a entender. A esperança que brotou em mim, enquanto eu rezava o rosário na minha caminhada, desabrocha e adquire vida, quando começo a perceber como tudo isso pode ajudar mamãe. Penso em tudo que tia Susan disse e meu rosto se abre em um largo sorriso.

– Tia Susan, você é um gênio. Você é demais! – digo, antes de lhe dar um grande abraço.

Tia Susan retribui meu abraço e aprecio o afeto reconfortante desta mulher que percebo ser quase outra mãe para mim. Dou uma risadinha boba, pensando no fato de que agora tenho quatro mães – minha mãe, claro, tia Mary Ellen e tia Susan, que se tornaram uma parte tão importante da minha vida, e Maria. Parece bem mais do que qualquer garota poderia ter, e meu coração bate apressado por perceber como sou realmente abençoada.

Tia Susan sorri, quando ouve minha risadinha.

– Do que está rindo? – pergunta, obviamente aliviada por eu parecer estar com tão bom humor.

– Nada – retribuo o sorriso. – É só que... – ergo os olhos para ela. – Deus é muito surpreendente, não é?

– Sim – ela concorda com outro abraço rápido. – Com certeza ele é.

Capítulo Dezenove

Quando entramos, o cheiro de lasanha me dá água na boca. A mesa da sala de jantar está arrumada e parece que todos estão esperando por nós. De repente, me dou conta de que fui extremamente mal-educada com Melanie – entrando em sua casa, chorando e ficando fora por quarenta e cinco minutos, mesmo sabendo que o jantar estava quase pronto.

Peço desculpas, meio sem jeito, mas Melanie me assegura que está tudo bem e que ela entende. Então me apresenta o marido e nos convida para sentarmos à mesa.

Durante o jantar, todos nos conhecemos melhor. Fico sabendo que Hannah é uma menininha precoce que já começou a aprender a ler. Ela adora dançar e cantar – uma coisa que temos em comum, embora ela seja doze anos mais nova que eu. Melanie era professora do Ensino Fundamental até Hannah ficar doente, mas agora gosta de estar em casa, principalmente, ela me diz com um brilho nos olhos, desde que descobriram recentemente que esperam outro filho para novembro.

O pai de Hannah parece ser um homem de poucas palavras. Não diz muita coisa durante o jantar, mas é claramente muito gentil e amoroso com Hannah e Melanie. Quando acaba de comer, Hannah sobe em seu colo, enrola os braços em seu pescoço e descansa a cabeça em seu peito. Penso em tudo que esta família passou e como deve ser maravilhoso para eles desfrutar de um jantar normal em família, sem ter suspensa sobre suas cabeças a nuvem de uma doença que ameaça a vida.

Todos concordamos que seria ótimo descer até a praia antes de ir dormir. Pergunto a tia Susan se antes posso telefonar para o papai, e é claro que ela concorda. Ele atende no primeiro toque.

– Oi, papai.

– Oi, querida. Como foi a viagem?

– Boa – paro percebendo que isso não é verdade. – Longa e entediante – corrijo.

Papai ri discretamente.

– Sim, mas esta noite vamos passar um tempinho na praia – digo, em tom animado.

– Hummmmm. Isso parece ótimo. Pode me trazer um pouco de areia?

Sorrio.

– Com certeza farei isso – hesito, procurando as palavras certas para fazer a pergunta que me levou a ligar para ele.

– Papai?

– Sim, querida?

– Sei que a... a clínica onde mamãe está não permite visitas de crianças, mas você acha que eles fariam uma exceção, se isso fosse ajudar a... a paciente a melhorar? – tropeço nas palavras duras, que identificam minha mãe como alguém que está doente.

– Bem, de acordo com a informação que me deram, eles abrem exceções sim, uma vez ou outra. Suponho que você conseguiu a conta...

– Não – respondo. – Acho que consegui uma coisa melhor.

Na manhã seguinte, saímos da casa dos Laytons às seis e meia. Tia Susan descobriu uma igreja que tem missa às sete horas, por isso nos dirigimos para lá antes de seguir para casa. Isso me pegou de surpresa; minha família nunca vai à missa nas férias e eu não havia trazido roupas para usar na missa. A igreja estava cheia de idosos, todos vestidos com sua melhor roupa dominical, e me vejo puxando a camiseta azul que, claramente, não é suficientemente longa para cobrir a legging cinza que estou usando. Evelyn e Dylan vieram mais bem preparados e, alisando a saia no colo, ela me lança um olhar arrependido, quando nos sentamos.

Aparentemente não tocam música nas missas rezadas muito cedo e, assim, a missa é rápida e minha vergonha é menor.

Depois da missa, Evelyn e eu achamos um banco de jardim do lado de fora para esperar tia Susan e Dylan, que conversam com o padre e tiram fotos da igreja para um projeto em que Dylan está trabalhando para a aula de religião. Evelyn me lança um olhar pesaroso.

— Desculpe-me. Eu devia tê-la avisado. *Sempre* vamos à missa no domingo, seja em Chicago, seja em Timbuktu... mamãe *encontra* uma igreja.

— Tudo bem. Eu devia ter imaginado — tranquilizo-a. — Além do mais, foi legal. Nesta igreja fazem a mesma coisa que fazemos na nossa igreja e na de Santa Joana d'Arc.

— Sim, eu sempre reclamava de ir à missa nas férias, mas agora até que gosto. Cada igreja tem algo um pouquinho diferente, mas, no fundo, a missa é a mesma e as pessoas costumam ser muito legais.

Evelyn pensa um momento, depois me olha de soslaio:

— Você está conformada por deixar a amiga de Hannah ficar com a conta? — pergunta.

Dou de ombros, enquanto mais uma vez seguro minha conta com os dedos.

– Sim. Senti-me bem melhor depois daquele passeio ontem à noite. Rezei um rosário e fiquei bem mais calma e esperançosa depois. Então, sua mãe e eu conversamos e ela colocou as coisas numa outra perspectiva. Basicamente ela disse que mamãe não precisa da *conta*, mas de *fé*, e que são as *histórias das contas* que vão ajudá-la a reencontrar a fé – mordo os lábios e agora me pergunto se isso é, na verdade, tão simples.

– Isso faz sentido? – pergunto a Evelyn, esperando confirmação, mas temendo que ela me diga que é loucura.

Evelyn pensa um momento, torcendo os cabelos em volta do dedo e puxando-os sobre a boca, enquanto pondera essa ideia. Finalmente, começa a acenar com a cabeça.

– Sim. Sim, isso faz sentido – ela sorri e se aproxima para um abraço. Quando nos separamos, ela diz: – Bem, acho que foi uma pena viajarmos de tão longe até aqui para nada.

– Não foi para nada – respondo. – Acho que eu também precisava de fé e de conhecer Hannah, passar um tempo com essa família, ouvir a história de como a garotinha melhorou sem razão aparente, que nem os médicos conseguem compreender... eu precisava ver por mim mesma, antes de tentar partilhar isso com mamãe.

Notando movimento com o canto do olho, viro-me para a igreja. Terminada a tarefa, tia Susan e Dylan vêm em nossa direção. Vamos juntos para o carro e nos preparamos para a longa viagem de volta.

Meus pés parecem de chumbo quando chegamos à recepção. Papai não mencionou que mamãe estava em um *hospital*. De alguma forma, "clínica" soava muito melhor, e eu não estava preparada para o desânimo que me atacou quando passamos pelas portas automáticas e entramos no centro de atendimento. As paredes são brancas, com alguns quadros suaves espalhados. A mobília é aquela coisa feia de plástico azul que vemos em todos os hospitais e o cheiro... bem é aquela terrível mistura de esterilizadores, fluidos corporais e só Deus sabe o que mais.

A ideia de mamãe internada neste lugar me faz estremecer. Nos últimos tempos, nós não estávamos conseguindo nos entender, mas não desejaria isto para o meu pior inimigo.

Porém, a funcionária da recepção é gentil. Quando papai lhe diz que estamos aqui para ver Teresa Roberts, que os médicos abriram uma exceção para que eu a visite, ela consulta o computador, antes de sorrir e nos mandar sentar.

As cadeiras de couro artificial não me atraem, então vou até as janelas e olho para fora, onde algumas tulipas começam a brotar. Estou apostando comigo mesma de que cor elas devem ser, quando ouço as portas se abrirem. Viro-me e vejo um homem vestido, não de uniforme hospitalar como eu esperava, mas de calças cáqui e camisa social azul-marinho.

— Sr. Roberts, é bom vê-lo — ele diz, apertando a mão de papai. — E você deve ser Katelyn — acrescenta, virando-se para mim com um sorriso gentil e um caloroso aperto de mão.

Aceno com a cabeça, evitando seus olhos e, em vez disso, olhando para o crachá com seu nome. Está pendurado de trás para a frente, por isso, em vez de identificar quem ele é, aperto os olhos para tentar ler a declaração da missão do hospital.

— Sou o dr. Becker. Tenho passado bastante tempo com sua mãe, trabalhando para ajudá-la a voltar para casa o mais breve possível — ele explica.

— Ah, prazer em conhecê-lo — digo, lembrando-me de meus bons modos e esforçando-me para erguer os olhos para ele.

— Katelyn, seu pai me explicou que você tem algo para contar para sua mãe que acredita poder ajudá-la a melhorar. Se não se importa, gostaria de conversar com você sobre isso, antes de nos reunirmos com sua mãe. Ela está indo muito bem. Antes de introduzirmos algo novo, precisamos ter certeza de que isso não vai deixá-la de algum modo nervosa. Às vezes, coisas que *achamos* que podem ajudar, acabam, na verdade, *prejudicando* mais. Você entende?

Aceno com a cabeça outra vez, de repente sentindo-me mais nervosa ainda. Vão me impedir de ver mamãe? Cheguei até aqui, não quero ter de esperar até voltar para casa para falar com ela. *E se disserem que todas estas histórias surpreendentes são prejudiciais e que não lhe devo contar, de modo algum?* — entro em pânico.

Dr. Becker usa o crachá para abrir as portas automáticas que dão para um corredor com quartos dos dois lados. Fico agradavelmente surpresa por ver que aqui as paredes são pintadas com um bege mais quente e as obras de arte são um pouco mais coloridas. Passamos pelo que parece ser uma sala de estar, onde há pessoas jogando, lendo revistas e assistindo à TV. Um pouco mais de meu horror desaparece, quando noto os divãs confortáveis, as almofadas espalhadas e pessoas que realmente parecem completamente normais.

Finalmente, ele nos conduz a um escritório, com uma mesa bagunçada e estantes cheias de livros. Um retrato dele, com o que deve ser a esposa e dois filhos, está em uma prateleira na frente do título de um livro que demoro um pouco para assimilar do que se trata: *a Bíblia*. Então noto na parede, ao lado da janela, um quadro de Maria. Será que encontrei uma aliada?

Dr. Becker acomoda-se na cadeira e inclina-se para a frente, descansando os braços na sua mesa. Aperta as mãos, olha para mim e diz:

– Então, Katelyn, conte-me o que a trouxe aqui.

Respiro fundo e começo minha narrativa.

Vinte minutos depois, Dr. Becker recosta-se na cadeira, põe as mãos atrás da cabeça e olha para o teto, parecendo perdido em seus pensamentos. Depois de alguns momentos, olha para mim com bondade. Quando vejo a simpatia em seus olhos, receio que esteja tudo acabado. Suas palavras não são nada encorajadoras.

– Katelyn, você foi corajosa em vir aqui. Deve ser uma jovem muito forte. Neste momento, sua mãe está frágil. Está melhorando muito e teve uma recuperação significativa na semana passada. Não tenho autorização para discutir os detalhes com você, mas posso lhe dizer isto: sua história tem potencial para fazer sua mãe ter uma recaída. De fato, acredito que saber da existência dessas contas provocou a piora da condição dela no último mês, o que a levou à necessidade de ser internada aqui conosco.

Cada palavra é um prego no caixão de minha esperança e meus olhos se enchem de lágrimas. Papai se inclina para apertar minha mão, enquanto o dr. Becker continua, seu rosto se torna um borrão através das lágrimas.

– No entanto, parece que sua mãe não conhece a história toda. Ela só sabe que você encontrou sua conta e algumas outras, e que está se esforçando para encontrar as demais. Ela não sabe das coisas maravilhosas que parecem estar associadas a essas contas – ele se inclina para a frente, apoiando-se no braço da cadeira. – Essa teoria levantada por sua tia, quanto à fé de sua mãe e quanto a aceitar que sua avó está realmente em um lugar melhor... bem... tem certo mérito.

Não percebi que estava segurando a respiração, até que a soltei em sonora expiração. Inclino-me para a frente:

– Então posso vê-la?

– Bem, Kate – ele diz devagar –, não sabemos como sua mãe vai reagir. Você precisa estar preparada para todas as possibilidades. Na melhor das hipóteses, sua mãe vai entender que você está aqui para ajudá-la, vai escutar sua história e vai dar bastante importância a isso. Talvez ajude na recuperação dela, mas não vai ser algo instantâneo... pode levar meses, talvez anos.

– Isso não parece muito ruim, dr. Becker – digo.

– Mas essa não é a única possibilidade – ele continua, com cautela. – Na pior das hipóteses, sua mãe ficaria incapaz de reconciliar as emoções que tem a respeito dessa situação toda. Pode ficar zangada quando você lhe contar a história. Pode ficar mais deprimida. É impossível dizer. Sr. Roberts – diz o dr. Becker, virando-se para papai. – É importante entender que isso pode ter um impacto negativo sobre sua esposa e também sobre sua filha. Se Teresa reagir de modo negativo, pode ser terrível para uma adolescente lidar emocionalmente com isso. Como terapeuta de sua esposa, estou disposto a explorar esse caminho, na esperança de ser útil para ela. Entretanto, se eu fosse dar um conselho a sua filha, poderia expressar uma opinião contrária – ele para, ergue as sobrancelhas e pergunta a papai: – O que o senhor acha?

Dois dias depois, encontro-me em uma salinha de reuniões no centro de atendimento. Papai e eu estamos sentados em um lado da mesinha que domina a sala. Ele tamborila na mesa, enquanto me sento na ponta da cadeira, olhando fixamente a gravura floral emoldurada na parede à minha frente. Duas cadeiras estão vazias, à espera da chegada de mamãe e do dr. Becker.

Papai tentou me fazer desistir disto e exigiu que eu esperasse dois dias para ter certeza de que estava pronta para o que quer que acontecesse. A questão é que não sinto que tenho muito a perder. Além disso, rezei *muito* e sinto que é o que preciso fazer. Assim, aqui estamos.

A porta se abre. Sinto-me tensa e papai para de tamborilar na mesa. Faz quase duas semanas que vi mamãe pela última vez, e meses desde que ela demonstrou algum afeto por mim. Não tenho certeza do que esperar nem do que fazer. Então, fico sentada, enquanto papai se levanta e lhe dá um beijo e um abraço.

Observo com interesse, para ver como ela vai reagir, e me tranquilizo ao vê-la retribuir o abraço carinhosamente. Quando ela vem e fica ao lado de minha cadeira, levanto-me e dou um abraço meio desanimado, e percebo que ela me abraça e não parece querer me soltar. Finalmente, retribuo o abraço, mergulhando em seu afeto e conforto, grata por este pequeno gesto de ternura, há muito tempo esperado. Depois de alguns momentos, ela me solta e senta-se na cadeira a meu lado. Dr. Becker senta-se na outra e olha ansiosamente para mamãe.

– Kate – ela começa, então pigarreia. – Estive pensando muito desde que cheguei aqui e percebi que lhe devo desculpas. Não fui boa mãe para você neste último ano e sinto muito por isso. É que...

Não quero ouvir as desculpas ou explicações dela e ergo a mão para interrompê-la.

– Está tudo bem, mamãe! Estou bem – minto. – Estou aqui porque... – procuro as palavras e, não encontrando nenhuma que pareça conveniente, falo sem pensar: – Estou aqui porque vovó me mandou.

Mamãe estremece, seu rosto mostrando total surpresa, antes que uma nuvem descesse sobre ele e não houvesse mais absolutamente nenhuma emoção. Papai tosse ao meu lado, obviamente chocado por eu dizer as coisas desse jeito. Dr. Becker inclina-se para a frente, pronto para vir em socorro, mas me apresso, antes que ele consiga pronunciar uma só palavra.

– Bem, ela mandou... – digo olhando desafiadoramente para o médico e para papai. – Mas, antes que você acabe com isto e decida não escutar uma palavra do que tenho para dizer, deixe-me começar do princípio – e respirando fundo, começo.

Parece que já contei a história um milhão de vezes. O encontro de minha conta no dia do memorial da vovó, conhecer Chelsea e sua amiga Emma, a história do acidente de Emma e de como milagrosamente ela saiu ilesa. A conversa com Roger Billings e ouvir sobre a cura de Hannah e sua surpreendente recuperação. Conto-lhe sobre Beth e seu irmão James, bem como sobre a visão que ele teve e que o levou a superar o vício. Conto-lhe sobre nossa viagem à Flórida para pegar sua conta com a pequena Hannah. O tempo todo, mamãe se recosta na cadeira, o braço cruzado no peito, como se não acreditasse, ou não se importasse. Mas continuo, rezando enquanto falo, sempre que faço uma pausa: *Mãe Santíssima, vovó, por favor me ajudem.* Sei que, sem elas, nunca vou terminar a história.

De algum modo, consigo ignorar o olhar de indiferença de mamãe e finjo estar falando com alguém que se importa.

– Mamãe, você devia ter visto a pequena Hannah. Ela é a coisa mais linda. E está tão *saudável.* Você nunca acreditaria que ela já esteve tão doente. E imagine só! Ela disse que uma mulher estava com ela no hospital sempre que seus pais se ausentavam, mamãe – espero que minhas palavras penetrem seu espírito. – *E ela nem é católica.*

O maxilar de mamãe se enrijece e seu olhar se afasta do meu. Resolutamente, ela lança um olhar penetrante para a mesma gravura floral que eu estava olhando, antes que ela entrasse na sala. Minha resolução começa a falhar. Deveria continuar? Parece que não estou chegando a lugar nenhum. O progresso que pensei ter feito – quando ela me abraçou – parece ter se perdido. Voltamos exatamente para onde estávamos há várias semanas. Faço outra oração e continuo.

– O motivo de termos ido até lá foi justamente para pegar a sua conta. Pensei... pensei que talvez a ajudasse – mamãe morde o lábio inferior. Aguardo um momento, achando que ela diria alguma coisa, mas ela não diz, por isso continuo: – Mas Hannah deu a conta para uma amiguinha do hospital, Tara, que estava muito doente e ia passar por uma cirurgia segunda-feira. Ela achou que poderia ajudá-la – meu coração dispara, enquanto procuro palavras para compartilhar a última notícia, que é tão incrível. Tão incrível. Tão *milagrosa*. Havia um monte de expressões médicas que eu não compreendia e lanço a papai um olhar suplicante, para ele assumir dali em diante.

Papai entende minha deixa e apoia-se na mesa para chamar a atenção de mamãe. Ela finalmente para de encarar a flor na parede e olha para ele.

– Teresa, a mãe de Hannah nos ligou ontem, assim que recebeu a notícia. A cirurgia de Tara era para remover um tumor cerebral. Todos os testes preliminares mostraram que ele envolvia o tronco cerebral, e os médicos tinham certeza de que não conseguiriam extirpá-lo totalmente. Esperavam eliminar a maior parte dele e, então, tratar o restante com quimioterapia e radiação. Disseram que havia uma grande possibilidade de ela nem sobreviver à cirurgia.

Papai pigarreia e continua:

– Teresa, você sabe que sou a pessoa com menos probabilidade de acreditar nessas coisas, mas... – ele olha para mim e para o médico e, depois, olha para mamãe. – Isto é extraordinário, Teresa. Não pode ser só coincidência. Quando a abriram, o tumor tinha encolhido para quase nada, e eles conseguiram tirar tudo. Os médicos ficaram chocados. Dizem que não há explicação. Dizem que foi um milagre. A menininha... Tara... quando acordou, perguntou pela senhora de azul que segurou a mão dela e que a amava tanto.

Ninguém fala. Escuto o suave tique-taque do relógio na parede e ouço o som de alguém andando pelo corredor do lado de fora da porta fechada. Mamãe desvia o olhar de papai e olha para suas mãos bem fechadas no colo. Uma lágrima cai-lhe no polegar.

– Mamãe – digo discretamente –, acho que tudo isso está acontecendo porque vovó rezou tanto e tantas vezes, em cada uma dessas contas! Sei que parece loucura, mas penso que as orações de vovó estão sendo atendidas com esses milagres. Mas acho que há mais alguma coisa, outra razão... Mamãe, acho que é porque ela rezou por *você*. Acho que é desejo dela que você saiba que ela está bem, está em um lugar melhor – engulo em seco, desejando não ter usado esse clichê, mas sabendo ser verdade. – Acho que ela quer que você *acredite* – concluo e me encosto na cadeira, enquanto mais uma vez o silêncio enche a sala.

Fico ali sentada, esperando que mamãe reaja, esperando que diga *alguma coisa, qualquer coisa*. Mas ela não diz nada. Só empurra a cadeira e sai da sala.

Foram três longos dias, dias que passei me sentindo culpada, desejando não ter ido, não ter dito nada a mamãe. É óbvio que não ajudou em nada e talvez tenha piorado as coisas. Eu me pergunto se algum dia terei uma *mãe* de verdade de novo, ou se vou passar o resto da vida com essa pessoa vazia.

Amanhã é domingo de Páscoa. Tia Mary Ellen veio buscar Gwen e eu na quinta-feira para comprarmos vestidos e sapatos novos. A comemoração está planejada para ser na casa de tia Susan, mas não estou muito animada.

Tia Liz está na cidade. Evelyn e eu entregamos a conta dela hoje no café da manhã. Ela chorou, nos abraçou e escutou Evelyn compartilhar as histórias de todos os milagres que aconteceram. Não tive coragem de acrescentar nada além de um leve sorriso de vez em quando. Foi bom ver tia Liz tão contente, mas, ao mesmo tempo, isso só me deixou mais triste, porque parece que minha mãe não acredita nas histórias.

Por volta do meio-dia, estou comendo mais um sanduíche de pasta de amendoim e geleia, quando o telefone toca. Gwen atende e grita escada abaixo:

— Kate, é para você!

— Alô – digo pondo o fone no ouvido.

— Oi, Kate. É tia Mary Ellen. Acabei de ver sua mãe. Ela quer ver você e pediu que eu a levasse esta tarde. O médico já autorizou.

Meu coração começa a bater mais forte e, de repente, minhas mãos ficam frias e úmidas.

— O que ela quer? – pergunto, com medo de esperar por boas notícias.

— Ela não disse, querida, mas está bem melhor hoje. Tem um brilho no olhar que eu não via há séculos. Ela *sorriu*, Kate, realmente sorriu e perguntou como vão você, Paul e Gwen. Acho que o que contou a ela ajudou... *deve* ter ajudado – ela faz uma pausa e então pergunta: – Posso ir buscar você agora? Ela parecia realmente ansiosa para ver você.

Olho para minhas calças de moletom e a camiseta e passo a mão pelos cabelos que não lavo há três dias. Não é exatamente como quero me apresentar a essa nova mãe que tia Mary Ellen diz ter ressurgido. Porém, se ela está mesmo melhor e quer me ver...

– Sim. Em quanto tempo você consegue chegar aqui?

– Em dez minutos.

Desligo o telefone e subo correndo para vestir alguma coisa mais apresentável, uma roupa de que mamãe gostaria. Acho uma saia azul e uma blusa de manga três-quartos e, depois de um exame revelar que não estão terrivelmente amassadas, visto-as correndo. Escovo os dentes e ainda estou passando a escova por meus cabelos emaranhados, quando ouço tia Mary Ellen chamando da cozinha.

– Kate, está pronta?

Com uma última passada da escova nos cabelos, desço as escadas e chego, um pouco ofegante, na frente de minha tia. Acho papai no escritório e digo a ele aonde vou, ignorando seu olhar chocado, quando ouve a notícia. Percebo que estou esquecendo alguma coisa e corro para meu quarto. Pego a pintura que Hannah me deu, coloco dentro de uma pasta para protegê-la e guardo na mochila. Finalmente, tia Mary Ellen e eu estamos no carro, a caminho da clínica.

Uma mulher gentil me leva para a mesma sala onde eu e papai nos reunimos com mamãe e o dr. Becker alguns dias antes. Desta vez, eles já estão lá, à espera.

– Kate, estou tão contente de você ter vindo – mamãe parece aliviada quando se levanta e me abraça. Desta vez é rápido e inseguro; sinto as mãos frias e úmidas de novo, e me pergunto como tudo isto vai acabar.

Mamãe volta a se sentar e espera que eu me acomode para começar:

– Kate, a última vez em que você esteve aqui eu disse que sentia muito... E falo sério: *sinto muito*. Mais do que você imagina. Não há desculpas para eu ter tratado você tão mal neste ano que passou. Mas quero que entenda o *porquê* – o que aconteceu comigo –, embora eu saiba que estava terrivelmente errada e que na verdade não há desculpas.

Mamãe toma um gole d'água do copo que está na mesa e, então, respira fundo antes de começar:

— Não sei como descrever tudo que senti quando mamãe morreu. Eu a amava muito, mas, nos últimos dez anos, eu sentia que não tinha sido grande coisa como filha. Quando papai morreu, fiquei zangada porque ela parecia ter aceitado muito facilmente a morte dele. É claro que ela sentia falta dele, mas sorria com serenidade e dizia como estava feliz por ele estar livre da dor e que acreditava que ele estaria no céu esperando por ela. Achei isso tão *estúpido*, tão *ridículo*... eu queria papai de volta e ficava louca da vida quando ela dizia que era egoísmo querer mantê-lo aqui, que o câncer o fazia sofrer muito. Então, passei a maior parte daqueles dois anos zangada com mamãe e, na verdade, não queria saber dela. Ela estava toda envolvida pela fé, sempre rezando, sempre dizendo que Cristo a amparou durante a doença e a morte de papai, e que ele ia amparã-la em qualquer coisa que ela enfrentasse. Eu simplesmente não entendia, e isso só me deixava cada vez mais zangada. Eu queria tentar superar essa raiva e, na véspera da viagem dela, convidei-a para tomar o café da manhã comigo. Mas ela disse que não podia. O grupo de oração do rosário ia se reunir para rezar por alguém e, depois, iam todos tomar o café da manhã juntos. Fiquei magoada e ainda mais zangada com ela. Disse que a achava uma boba por perder tanto tempo rezando aquela oração ridícula. Disse que todas aquelas orações não fizeram nada para ajudar papai, que não ajudariam a pessoa pela qual ela estava rezando e que isso era só uma forma de um bando de velhas sentirem que faziam alguma coisa produtiva quando, na verdade, só estavam perdendo tempo.

Mamãe fecha os olhos, e a dor está estampada em seu rosto.

— No dia seguinte ela foi viajar, houve o acidente e nunca mais a vi. Aquelas foram minhas últimas palavras para ela: "Mamãe, você só está perdendo tempo. Poderia fazer tanto e fazer tanta diferença, mas, em vez disso, passa horas rezando esse rosário ridículo. Você é uma idiota!" – mamãe ergue os olhos da água que está fitando e me olha direto nos olhos. – Eu realmente disse estas palavras: "Você é uma idiota" – sacode a cabeça e volta a fitar o copo.

– Você sempre me fez lembrar dela. Tem os olhos e a boca dela. Acho que sua voz lembra a dela e, às vezes, quando a ouço no telefone, parece que estou ouvindo a mamãe – ela volta a olhar para mim. – Foi por isso que fiquei tão distante de você nesse ano que passou. Eu simplesmente não conseguia suportar. Você me fazia lembrar dela e eu não suportava pensar nela e no jeito como a tratei. Sua presença parecia me condenar. Então, você encontrou aquela conta do rosário – ela sacode a cabeça e olha para o canto. – E essa foi a última gota. Trouxe tudo de volta, e eu não soube lidar com a situação. Eu queria apagar tudo isso, enterrar aquela conta e esquecer que ela existiu algum dia. Mas não, você não fez isso – ela dá um sorriso amargo. – Você *tinha* de ir procurar mais. Há um crucifixo pendurado em meu quarto aqui. No começo, eu não o suportava. Era como se Jesus estivesse me olhando, dizendo que pessoa terrível eu era, sendo tão cruel com minha mãe e minha filha. Porém, depois que você veio na quarta-feira, tudo mudou. De repente, comecei a lembrar das coisas que aprendi na escola: "Pai, perdoa-lhes; não sabem o que fazem". As palavras de Jesus na cruz voltavam à minha mente e percebi que ele me perdoa e quer que eu perdoe a mim mesma. Pensei no que você disse e percebi que mamãe também me perdoa e quer que eu seja feliz.

Agora, lágrimas escorrem pelo rosto dela e pelo meu também. Mamãe continua:

– Nunca deixei de acreditar, sabe? Eu acreditava em Jesus; só não queria ir além disso. Não queria mudar minha vida nem meu modo de ser por causa dele. É isso que me chateava tanto em mamãe. Tudo que ela *era, tudo tinha a ver com Jesus*. Eu simplesmente não entendia isso e ainda não tenho certeza se entendo, mas tudo começa a fazer sentido. E sei que você está certa, Kate, sei que mamãe está em um lugar melhor e é a cara dela continuar rezando. Rezar por quem precisa e rezar para me dar uma leve cutucada e me pôr de volta na linha, me fazer acreditar em tudo que ela vem tentando me mostrar o tempo todo. Jesus é *real*. Maria é *real*. É tudo *real* e está lá para quem quiser, basta nos abrirmos.

Mamãe inclina-se para a frente e agarra minhas mãos que estão sobre a mesa.

— Obrigada, Kate — diz enfaticamente. — Obrigada por me contar todas aquelas histórias maravilhosas e milagrosas. Estou me sentindo muito melhor. Sinto muito mais *esperança*. Sinto que posso aceitar a morte de sua avó e de seu avô também. Sei que mamãe estava certa em tudo que disse quando papai morreu. Tenho de rir ao pensar nela lá em cima orquestrando todas essas coisas — ela me dá um sorriso pálido e me vejo levantando da cadeira para lhe dar um abraço. Quando dou por mim, estou sentada em seu colo, embora seja velha demais para fazer isso. Mas está tão bom, e estamos nos abraçando e chorando e rindo e desfrutando deste novo *nós*.

Depois de um tempão, saímos da sala juntas. Dr. Becker pede que uma enfermeira nos acompanhe e eu e mamãe vamos de mãos dadas para a sala de espera. Antes de chegar às portas automáticas, lembro-me da pintura de Hannah na mochila. Tiro e a entrego a mamãe.

— Hannah, a menininha da Flórida, pintou isto para mim. É a pintura dela e de sua amiga, Tara, comigo e a Mãe Santíssima. Achei que seria uma coisa bonita para você ter no quarto.

Em seguida, ponho a mão atrás do meu pescoço e abro a corrente, então solto a conta na palma de minha mão.

– E quero que fique com isto – digo, estendendo-lhe o pequeno tesouro –, ao menos até você voltar para casa.

Mamãe aperta a conta na mão e me dá um sorriso, as lágrimas mais uma vez brotando de seus olhos. Dando-me outro abraço apertado, ela sussurra:

– Obrigada, querida. Obrigada.

Virando-me para as portas da sala de espera, noto que a enfermeira está nos fitando boquiaberta.

– Onde... onde conseguiu isso? – pergunta, apontando para a conta.

– Era da minha avó – respondo.

– Minha... minha sobrinha achou uma conta exatamente... exatamente igual a essa – a mulher gagueja. Olhando com os olhos arregalados, ela acrescenta: – Você não vai acreditar no que aconteceu...

Paulinas

Rua Dona Inácia Uchoa, 62
04110-020 – São Paulo – SP (Brasil)
Tel.: (11) 2125-3500
paulinas.com.br – editora@paulinas.com.br
Telemarketing e SAC: 0800-7010081